Kohlhammer

Die Autoren

Dr. rer. medic. Dirk Süßmuth
2000–2006 Studium der Psychologie, Geschichte, Spanisch und Deutsch als Fremdsprache an der Universität Trier, 2007–2011 Weiterbildung zum Psychologischen Psychotherapeuten mit der Fachrichtung Verhaltenstherapie in Köln, 2017 Promotion zum Dr. rer. medic. an der Universität zu Köln. Von 2008 bis 2011 als Psychologe in der Klinik Hohe Mark tätig (Direktor: Prof. Dr. A. Barocka), seit 2011 in der LVR-Klinik Köln (Direktorin: Prof. Dr. E. Gouzoulis-Mayfrank).

Professor Dr. Euphrosyne Gouzoulis-Mayfrank
1979–1984 Studium der Humanmedizin an der Universität Mainz, Promotion zur Dr. med. 1986, 1986–1992 Assistenzärztin an der Neurologischen und der Psychiatrischen Universitätsklinik Freiburg, 1992–1993 Assistenzärztin an der Psychiatrischen Klinik des Universitätsklinikums Aachen, seit 1992 Ärztin für Neurologie und Psychiatrie, seit 1993 Psychotherapeutin. 1993–2003 Oberärztin an der Klinik für Psychiatrie und Psychotherapie des Universitätsklinikums Aachen, 1999 Habilitation und Venia Legendi für das Fach Psychiatrie und Psychotherapie, seit 2001 Suchtmedizinische Grundversorgung, 2003–2008 C3-Professorin für Experimentelle Psychiatrie und Leitende Oberärztin an der Klinik für Psychiatrie und Psychotherapie der Universität zu Köln, seit 2008 Chefärztin der Abteilung Allgemeine Psychiatrie II und Ärztliche Direktorin der LVR-Klinik Köln, Psychiatrisches Fachkrankenhaus und Akademisches Lehrkrankenhauses der Universität zu Köln, 2009–2013 Berufsbegleitender Masterstudiengang Health Business Administration an der Universität Erlangen/Nürnberg, seit 2013 Master of Health Business Administration (MHBA), seit 2016 Direktorin des LVR-Institutes für Versorgungsforschung.

Dirk Süßmuth
Euphrosyne Gouzoulis-Mayfrank

Familientherapie bei Psychose und Sucht

Menschen mit Doppeldiagnose und deren
Angehörige wirksam behandeln –
Ein Therapiemanual

Verlag W. Kohlhammer

Dieses Werk einschließlich aller seiner Teile ist urheberrechtlich geschützt. Jede Verwendung außerhalb der engen Grenzen des Urheberrechts ist ohne Zustimmung des Verlags unzulässig und strafbar. Das gilt insbesondere für Vervielfältigungen, Übersetzungen und für die Einspeicherung und Verarbeitung in elektronischen Systemen.

Pharmakologische Daten verändern sich ständig. Verlag und Autoren tragen dafür Sorge, dass alle gemachten Angaben dem derzeitigen Wissensstand entsprechen. Eine Haftung hierfür kann jedoch nicht übernommen werden. Es empfiehlt sich, die Angaben anhand des Beipackzettels und der entsprechenden Fachinformationen zu überprüfen. Aufgrund der Auswahl häufig angewendeter Arzneimittel besteht kein Anspruch auf Vollständigkeit.

Die Wiedergabe von Warenbezeichnungen, Handelsnamen und sonstigen Kennzeichen berechtigt nicht zu der Annahme, dass diese frei benutzt werden dürfen. Vielmehr kann es sich auch dann um eingetragene Warenzeichen oder sonstige geschützte Kennzeichen handeln, wenn sie nicht eigens als solche gekennzeichnet sind.

Es konnten nicht alle Rechtsinhaber von Abbildungen ermittelt werden. Sollte dem Verlag gegenüber der Nachweis der Rechtsinhaberschaft geführt werden, wird das branchenübliche Honorar nachträglich gezahlt.

Dieses Werk enthält Hinweise/Links zu externen Websites Dritter, auf deren Inhalt der Verlag keinen Einfluss hat und die der Haftung der jeweiligen Seitenanbieter oder -betreiber unterliegen. Zum Zeitpunkt der Verlinkung wurden die externen Websites auf mögliche Rechtsverstöße überprüft und dabei keine Rechtsverletzung festgestellt. Ohne konkrete Hinweise auf eine solche Rechtsverletzung ist eine permanente inhaltliche Kontrolle der verlinkten Seiten nicht zumutbar. Sollten jedoch Rechtsverletzungen bekannt werden, werden die betroffenen externen Links soweit möglich unverzüglich entfernt.

1. Auflage 2019

Alle Rechte vorbehalten
© W. Kohlhammer GmbH, Stuttgart
Gesamtherstellung: W. Kohlhammer GmbH, Stuttgart

Print:
ISBN 978-3-17-035629-0

E-Book-Formate:
pdf: ISBN 978-3-17-035630-6
epub: ISBN 978-3-17-035631-3
mobi: ISBN 978-3-17-035632-0

Für Timon, Zoe, Luise und Mats.

Online-Zusatzmaterial

Elektronisches Zusatzmaterial können Sie unter folgendem Link und Passwort herunterladen:
  Link: http://downloads.kohlhammer.de/?isbn=978-3-17-035629-0
  Passwort: Epg7XPZW

Inhalt

1	**Einleitung, Hintergrund**		**9**
	1.1	Häufigkeit von Doppeldiagnosen und Auswirkungen auf den Krankheitsverlauf	9
	1.2	Entstehungsmodelle von Doppeldiagnosen	10
		1.2.1 Sekundäre Suchtentwicklung	10
		1.2.2 Psychoseinduktion	11
		1.2.3 Modelle gemeinsamer ätiologischer Faktoren	12
		1.2.4 Bidirektionale und komplexere Modelle	12
	1.3	Behandlungsprinzipien bei Menschen mit Psychose und komorbider substanzbedingter Störung	12
		1.3.1 Elemente der psychosozialen Therapie	13
		1.3.2 Effektivität der integrierten Behandlung	15
	1.4	Warum Angehörige in die Behandlung mit einbeziehen?	16
		1.4.1 Familienmitglieder sind Bezugspersonen für Patienten mit Psychose und Substanzstörung	16
		1.4.2 Negative Auswirkungen familiärer, krankheitsbedingter Konflikte	17
		1.4.3 Angehörige fühlen sich durch die Erkrankung belastet und haben ihrerseits ein erhöhtes Morbiditätsrisiko	18
		1.4.4 Das Bedürfnis nach Wissen: Nutzen der Psychoedukation und eines Kommunikationstrainings	22
	1.5	Effektivität doppeldiagnosespezifischer Interventionen mit Einbeziehung der Angehörigen	22
2	**Behandlungsmanual FIPA (Familienintervention bei Menschen mit Psychose und Abhängigkeitserkrankung)**		**26**
	2.1	Allgemeines	26
		2.1.1 Entwicklung der Familienintervention	26
		2.1.2 Zielgruppen	27
		2.1.3 Setting, Umfang, Materialien, therapeutische Grundhaltung	28
		2.1.4 Aufbau und Inhalte der Intervention im Überblick	28
	2.2	Die Module	30

2.2.1 Modul (1): Doppeldiagnose Psychose und komorbide Substanzstörung, Zusammenhänge zwischen beiden Erkrankungen und Behandlungsmöglichkeiten (drei Sitzungen) 30
    2.2.1.1 Sitzung 1: Begriffsklärungen, Symptome von Psychosen und Krankheitsverläufe 31
    2.2.1.2 Sitzung 2: Psychotrope Wirkung von Suchtmitteln, mögliche Zusammenhänge zwischen Psychose und substanzbedingten Störungen 35
    2.2.1.3 Sitzung 3: Medikamentöse und verhaltenstherapeutische Behandlung von Psychosen mit komorbider Substanzstörung 39
2.2.2 Modul (2): Einflussmöglichkeiten der Angehörigen auf die Erkrankung und Umgang mit Belastungen, die aus der Erkrankung entstehen (2 Sitzungen) 43
    2.2.2.1 Sitzung 1: Einflussmöglichkeiten der Angehörigen auf die Erkrankung 44
    2.2.2.2 Sitzung 2: Selbstfürsorge der Angehörigen ... 47
2.2.3 Modul (3): Rezidivprophylaxe (zwei Sitzungen) 50
    2.2.3.1 Sitzung 1 52
    2.2.3.2 Sitzung 2 54
2.2.4 Modul (4): Kommunikationstraining (drei Sitzungen) 57
    2.2.4.1 Sitzung 1: Sprecher-Fertigkeiten 57
    2.2.4.2 Sitzung 2 und 3: Erweiterung der Kommunikationstechniken um die Zuhörer-Fertigkeiten, kombiniertes Üben beider Fertigkeiten 60

3 Evaluation der Familienintervention FIPA 63

4 Zusammenfassung 68

Abbildungs- und Tabellenverzeichnis 70
    Abbildungen 70
    Tabellen 70

Literatur 71

Zusatzmaterial – Handouts 81

1 Einleitung, Hintergrund

1.1 Häufigkeit von Doppeldiagnosen und Auswirkungen auf den Krankheitsverlauf

Doppeldiagnosen haben in Forschung und Praxis in den letzten Jahrzehnten vermehrt Aufmerksamkeit auf sich gezogen, da die Wahrscheinlichkeit für die Entwicklung einer Substanzstörung bei Personen mit psychischer Störung deutlich höher liegt als in der Allgemeinbevölkerung: Eine großangelegte epidemiologische Studie in den USA konnte bereits in den 1980er Jahren zeigen, dass bei Patienten mit Schizophrenie die Lebenszeitprävalenz für die Entwicklung einer komorbiden Substanzstörung bei ca. 47 % lag (verglichen mit ca. 17 % in der Allgemeinbevölkerung (Regier et al. 1990)). Kleinere Folgestudien schätzten die Wahrscheinlichkeit für die Entwicklung einer komorbiden Substanzstörung bei Menschen mit Psychose ebenfalls auf durchschnittlich ca. 50 %, wobei die Prävalenzraten je nach Behandlungssetting deutlich nach oben und unten abwichen (Drake & Mueser 2000, Rush & Koegl 2008, Westermeyer 2006). Eine großangelegte europäische Studie zur Erfassung komorbider substanzbezogener Störungen von 1204 schizophren Erkrankten im Alter von 18 bis 64 Jahren in Großbritannien, Frankreich und Deutschland zeigte im Ländervergleich in Großbritannien die höchste Lebenszeitprävalenz für die Entwicklung komorbider Substanzstörungen (35 %), gefolgt von Deutschland (21 %) und Frankreich (19 %), wobei die Prävalenzraten für die vorangegangen zwölf Monate ungefähr halb so hoch lagen (Carra et al. 2012b). Mehrere regional in Deutschland durchgeführte Studien berichteten unterschiedliche Lebenszeitprävalenzraten: während in München »nur« 21,8 % der schizophrenen Patienten eine komorbide Substanzstörung aufwiesen (Soyka et al. 1993), waren es in Köln 29,4 % (Schnell et al. 2010) und in Hamburg 47,5 % (Krausz et al. 1996). Auf jeden Fall weisen aber die hohen Prävalenzraten darauf hin, dass Psychosen und komorbide Substanzstörungen nicht zufällig, sondern als »Doppeldiagnose« überproportional häufig vorkommen (Gouzoulis-Mayfrank 2007).

Der schädliche Gebrauch oder eine Abhängigkeit von Alkohol und Cannabis scheint den Großteil der komorbiden substanzbezogenen Störungen bei Psychosepatienten in Deutschland auszumachen, gefolgt vom Mischkonsum anderer Substanzen (Hambrecht & Häfner 1996, Schnell et al. 2010). In den USA und Australien scheinen die Prävalenzraten für den komorbiden Konsum von Stimulanzien (insbesondere Kokain) bei Psychosepatienten höher als in Europa zu liegen (Carra et al. 2012b, Chakraborty et al. 2014, Mueser et al. 1990, Sara et al. 2014).

Schizophrene Patienten mit komorbider Substanzstörung sind überzufällig jung, männlich, ledig und haben ein niedrigeres Ausbildungsniveau im Vergleich zu an

Schizophrenie Erkrankten ohne komorbide Substanzstörung (Schnell et al. 2010, Toftdahl et al. 2016, Wobrock et al. 2004).

Vergleicht man die Krankheitsverläufe von Psychosepatienten mit und ohne komorbide Substanzstörung, so zeigt sich, dass die Substanzstörung den Verlauf der psychotischen Erkrankung negativ beeinflusst und weitere unspezifische Symptome und psychosoziale Konflikte nach sich zieht. Psychosepatienten mit komorbider Substanzstörung brechen im Vergleich zu anderen Psychosepatienten häufiger die Behandlung vorzeitig ab (Archie & Gyömörey 2009, Miner et al. 1997), nehmen häufiger ihre Psychopharmaka nicht wie verordnet ein (Drake & Brunette 1998, Swartz et al. 1998), weisen einen höheren Symptomschweregrad auf (Barbee et al. 1989), sind durchschnittlich für längere Zeit unbehandelt (Chakraborty et al. 2014), erleiden häufiger psychotische Rezidive (Archie & Gyömörey 2009, Drake & Brunette 1998), müssen häufiger (Drake & Brunette 1998, Schmidt et al. 2011) und für längere Zeiträume stationär behandelt werden als Psychosepatienten ohne komorbide Substanzstörung (Blachut et al. 2013) und sind affektlabiler (Alterman et al. 1980), depressiver und suizidgefährdeter (Blachut et al. 2013, Chakraborty et al. 2014, Drake & Wallach 1989). Sie zeigen häufiger »störendes« Verhalten (Blachut et al. 2013, Drake & Brunette 1998, Drake & Wallach 1989), haben häufiger familiäre Konflikte und instabilere Wohnverhältnisse (Drake & Brunette 1998) und sie geraten häufiger in Konflikt mit dem Gesetz (Barry et al. 1996). Darüber hinaus geht mit komorbiden Substanzstörungen ein erhöhtes Risiko körperlicher Folgeerkrankungen und Infektionskrankheiten wie z. B. HIV oder Hepatitis einher (Drake & Brunette 1998, Thompson et al. 1997). Patienten mit einer Psychose und komorbider Substanzstörung weisen generell ein niedrigeres globales, allgemeines Funktionsniveau als Patienten ohne komorbide Substanzstörung auf (Drake & Brunette 1998); dennoch sind sie kognitiv nicht grundsätzlich mehr beeinträchtigt im Vergleich zu Psychosepatienten ohne komorbide Substanzstörung (Addington & Addington 1997).

1.2 Entstehungsmodelle von Doppeldiagnosen

Für die Komorbidität von Psychosen und Substanzstörungen werden in der Forschung gegenwärtig mehrere Erklärungsmodelle diskutiert:

1.2.1 Sekundäre Suchtentwicklung

Bei den Modellen der sekundären Suchtentwicklung wird angenommen, dass Substanzstörungen die Folge von psychotischen Störungen sind. Zentral ist hier die Selbstmedikationshypothese (Khantzian 1985, 1997): je nach vorhandener Symptomatik einer Psychose würden die Erkrankten Substanzen konsumieren, um z. B. psychotische Positiv- oder Negativsymptome, kognitive Beeinträchtigungen oder unerwünschte medikamentöse Nebenwirkungen zu lindern. In der aktuellen Forschung gibt es nur schwache Belege für die Selbstmedikationshypothese (Pettersen et al. 2013, Saddichha et al. 2010), häufig haben die Erkrankten bereits vor Ausbruch der Psychose Substanzen konsumiert (Coulston et al. 2007, Gregg et al. 2007) und richten ihren Konsum eher nach der Verfügbarkeit der Substanzen als nach den Symptomen, unter denen sie leiden (Acier et al. 2007, Mueser et al. 2002).

Zu den Modellen der sekundären Suchtentwicklung zählt man auch das Modell der Affektregulation. Es postuliert, dass Patienten mit Hilfe des Substanzkonsums versuchen, dysphorische Affekte zu bekämpfen, die mit den psychotischen Symptomen selbst oder mit Auswirkungen der Psychose einhergehen (Dixon et al. 1991), und dass ähnliche Merkmale wie Impulsivität oder Affektlabilität bei Psychosepatienten zu Substanzkonsum führen, wie sie es auch bei Konsumenten ohne psychotische Störung tun können (Gregg et al. 2007).

Ein weiteres Modell der sekundären Suchtentwicklung ist das Supersensitivitätsmodell (Mueser et al. 1998b). Demnach weisen einige an Schizophrenie Erkrankte biologische und psychologische Vulnerabilitäten auf, die sie besonders anfällig für negative Auswirkungen von Substanzkonsum machen: geringere Substanzmengen reichen dementsprechend bei Menschen mit Psychose aus, um Komplikationen wie Wahrnehmungsstörungen oder inhaltliche Denkstörungen zu entwickeln. Auch dieses Supersensitivitätsmodell lässt sich jedoch schwer belegen, so konnten Gonzalez et al. (2007) keine signifikanten Unterschiede hinsichtlich des Schweregrads allgemeiner psychischer Belastung zwischen Personen mit einfacher Substanzstörung und Doppeldiagnosepatienten aufdecken.

Schließlich führt in vielen Fällen ein ungünstiger Verlauf einer psychotischen Erkrankung zu einem sozialen Abstieg, der mit einem Umzug in soziale Brennpunkte und vermehrtem Kontakt zu einem sozialen Umfeld einhergeht, in dem Substanzkonsum und abweichendes Verhalten eher toleriert werden. Somit könnte dieser »social drift« vieler Patienten mit Psychose ebenfalls den Substanzkonsum begünstigen, wie einige Autoren nahe legen (Gouzoulis-Mayfrank 2007, Mueser et al. 1998b).

1.2.2 Psychoseinduktion

Nach dem Modell der Psychoseinduktion geht man im Gegensatz zur Selbstmedikationshypothese davon aus, dass der Konsum bestimmter psychotroper Substanzen wie Cannabis oder Stimulanzien den Ausbruch von Schizophrenien triggert (Kirkbride 2013). Erstmalig ergab eine vielzitierte Studie an schwedischen Rekruten, dass der Konsum von Cannabis dosisabhängig das Risiko für die spätere Entwicklung einer Schizophrenie sechs- bis siebenfach erhöhte (Andreasson et al. 1987, Zammit et al. 2002). Später lieferten prospektiv-epidemiologische Studien aus Neuseeland Hinweise darauf, dass ein früher Cannabiskonsum bereits in der Adoleszenz die Entwicklung subklinischer psychotischer Symptome und schizophreniformer Störungen im jungen Erwachsenenalter begünstigt (Arseneault et al. 2002, Fergusson et al. 2005, Fergusson et al. 2003). Eine großangelegte finnische Studie zeigte zudem, dass 46 % der Fälle von cannabisinduzierten Psychosen acht Jahre nach der ersten stationär-psychiatrischen Behandlung in Schizophrenien übergingen (Niemi-Pynttari et al. 2013), wobei ein junges Lebensalter das Risiko zusätzlich zu vergrößern schien, an einer Schizophrenie zu erkranken (Kirkbride 2013).

Dennoch reicht der Drogenkonsum alleine nicht für die Entstehung einer Psychose aus; am ehesten haben wir es mit einem Zusammenspiel zwischen einer spezifischen Vulnerabilität oder Veranlagung für eine Psychose und den Substanzwirkungen zu tun (Caspi et al. 2005, van Os et al. 2005).

1.2.3 Modelle gemeinsamer ätiologischer Faktoren

Bei diesen Modellen werden gemeinsame biologische, individuelle oder soziale Faktoren für die Entwicklung von Schizophrenien und Substanzstörungen angenommen (Gregg et al. 2007). Unter den möglichen gemeinsamen biologischen Faktoren (Power et al. 2014, Rhee et al. 2003, Tsuang et al. 2001) könnten Veränderungen im dopaminergen und/oder endocannabinoiden Neurotransmittersystem eine Rolle spielen (Blum et al. 2014, Chambers et al. 2001, Weiser & Noy 2005). Einige Autoren weisen auf eine Verbindung zwischen der antisozialen Persönlichkeitsstörung, Schizophrenien und substanzbezogenen Störungen hin (Mueser et al. 1997a), andere auf traumatische Erlebnisse in der Kindheit (Scheller-Gilkey et al. 2004), kognitive Defizite (Tracy et al. 1995) oder bestimmte Temperamentseigenschaften als gemeinsame ätiologische Faktoren (Fernández-Mondragón & Adan 2015). Die Befundlage ist aber größtenteils widersprüchlich und deutet auch hier auf komplexere Zusammenhänge hin (Gregg et al. 2007).

1.2.4 Bidirektionale und komplexere Modelle

Den bidirektionalen Modellen liegt die Annahme zugrunde, dass sich Schizophrenien und Substanzstörungen wechselseitig beeinflussen. So könnte der Substanzkonsum bei Personen mit einer erhöhten Vulnerabilität für Psychosen eine Schizophrenie auslösen, dadurch würde dann wiederum der Substanzkonsum aufrechterhalten werden, um unangenehme Begleiterscheinungen der Psychose zu bekämpfen (Gouzoulis-Mayfrank 2007, Meister et al. 2010). Einige neuere Untersuchungen weisen bidirektionale Zusammenhänge zwischen Psychose und Substanzstörung nach (Foti et al. 2010, Hides et al. 2006, Pettersen et al. 2013); sie verbinden somit die Annahmen der Selbstmedikationshypothese und der Psychoseinduktion. Sie könnten somit als integratives Modell zur Erklärung von Doppeldiagnosen dienen (Gouzoulis-Mayfrank 2007).

1.3 Behandlungsprinzipien bei Menschen mit Psychose und komorbider substanzbedingter Störung

Bis in die 1990er Jahre fand die Behandlung von Menschen mit der Doppeldiagnose Psychose und Substanzstörung überwiegend parallel oder sequentiell statt. Dieses

Vorgehen wird in der Regel dem komplexeren Behandlungsauftrag nicht gerecht (Mueser et al. 2003, Ridgely et al. 1990). Häufig führen Symptome der einen Störung zum Ausschluss aus der Behandlung der anderen Störung, oder/und die Koordination zwischen den unterschiedlichen Behandlungssystemen misslingt (Gouzoulis-Mayfrank 2018, Mueser et al. 2003). Um die Defizite der nebeneinander bestehenden Behandlungssysteme zu überwinden, ging man in den vergangenen zwei Jahrzehnten dazu über, beide Störungen möglichst integriert in einem Setting bzw. durch ein Team zu behandeln.

Die nach aktuellem Stand langfristig erfolgreichsten Behandlungsprogramme arbeiten schwerpunktmäßig ambulant und sind langfristig ausgerichtet. Ein multiprofessionelles Behandlerteam, das in der Regel in der Behandlung beider Störungen erfahren ist, arbeitet idealerweise sektorübergreifend und bedarfsweise aufsuchend (Gouzoulis-Mayfrank 2018). Die Behandlung ist am Motivationsstadium der Patienten orientiert und zielt auf die Förderung einer Konsumreduktion oder Abstinenz ab, setzt aber nicht strikt Abstinenz voraus. Durch niedrigschwellige Zugangsvoraussetzungen wird sie den besonderen Bedürfnissen von Psychosekranken mit komorbider Suchtproblematik gerechter als traditionelle Behandlungssettings (Gouzoulis-Mayfrank 2007). Die meisten integrierten Behandlungsprogramme wurden im angloamerikanischen Raum entwickelt, aber auch im deutschsprachigen Raum wurden störungsspezifische Behandlungsmanuale entwickelt und regional implementiert (Bachmann et al. 1997, D'Amelio et al. 2007, Gouzoulis-Mayfrank 2007).

Alle Behandlungsprogramme mit langfristig positiven Ergebnissen beinhalten neben einer Pharmakotherapie psychosoziale Elemente aus der Motivationsbehandlung und Psychoedukation (Gouzoulis-Mayfrank 2018). Einige dieser Programme enthalten zusätzlich verhaltenstherapeutische Elemente und Familieninterventionen.

1.3.1 Elemente der psychosozialen Therapie

Mittels *motivierender Gesprächsführung* wird versucht, die intrinsische Motivation zur Konsumreduktion oder Abstinenz zu fördern, indem z. B. die kurz- und langfristigen individuellen Vor- und Nachteile des Substanzkonsums mit dem Patienten in nichtwertender Art und Weise diskutiert werden (Miller & Rollnick 1992). Dabei orientiert sich der Therapeut am motivationalen Stadium der Patienten (Prochaska et al. 1992) und passt gegebenenfalls die Gesprächsführung bei eingeschränkten kognitiven Funktionen des Patienten an (Drake & Mueser 2000). Motivationale Interventionen sind ein Kernelement der Behandlung von Patienten mit Psychose und komorbider Substanzstörung, einzelne Studien weisen positive Effekte selbst bei Kurzbehandlungen auf, die nur ein bis drei motivierende Gespräche beinhalten (s. Gouzoulis-Mayfrank, 2007).

Mittels *Psychoedukation* werden Patienten über die möglichen Zusammenhänge zwischen der Psychose und komorbidem Substanzkonsum aufgeklärt und es werden die Risiken eines fortgesetzten Substanzkonsums dargestellt. Durch die Vermittlung potentieller Entstehungsmodelle der Erkrankungen und ihrer Interaktionen sollen die Entwicklung eines individuellen Krankheitsmodells und die Abstinenzmotivation gefördert werden.

Einige der publizierten Behandlungsmanuale beinhalten zusätzlich *verhaltenstherapeutische Interventionen*, die schwerpunktmäßig darauf ausgerichtet sind, mit den Patienten individuelle Strategien im Umgang mit Suchtdruck und Versuchungssituationen zu erarbeiten; auch dabei werden eventuell vorhandene eingeschränkte kognitive Funktionen der Patienten berücksichtigt (Carroll et al. 1998, D'Amelio et al. 2007, Gouzoulis-Mayfrank 2007, Graham et al. 2004). Durch das Einüben von abstinenzbezogenen Skills und allgemeinen sozialen Fertigkeiten sollen die Erkrankten dazu befähigt werden, gegenüber Versuchungssituationen standhaft zu bleiben und akuten Suchtdruck zu überwinden.

Im deutschsprachigen Raum wurden bislang zwei Behandlungsmanuale publiziert, in denen die Psychoedukation einen zentralen Bestandteil der Behandlung darstellt (D'Amelio et al. 2007, Gouzoulis-Mayfrank 2007). Gouzoulis-Mayfrank (2007) bietet einen ausführlichen Praxisteil, in dem die Zusammenhänge zwischen psychotischen Störungen und dem Konsum relevanter psychotroper Substanzen sowie die psychischen und körperlichen Folgen des Konsums der verschiedenen Substanzen vermittelt werden (KomPAkt: Komorbidität Psychose und Abhängigkeit: Psychoedukation). Darüber hinaus legten Schnell und Gouzoulis-Mayfrank (2007) ein verhaltenstherapeutisches Programm mit Skills-Training zum Umgang mit Craving sowie weiteren abhängigkeitsspezifischen Bereichen wie kognitive Umstrukturierung oder Soziales Kompetenztraining speziell für Psychosekranke vor (KomPASs: Komorbidität Psychose und Abhängigkeit: Skills-Training).

D'Amelio, Behrendt und Wobrock (2007) entwickelten das integrierte Behandlungsprogramm GOAL für Patienten mit schizophrener Psychose und komorbidem Substanzkonsum (GOAL: Gesund und ohne Abhängigkeit leben). GOAL besteht aus fünf Modulen: GOAL-Psychoedukation, welches neben Informationen über die komorbiden Erkrankungen auch Strategien für den Umgang mit Rückfällen und zur Rückfallprophylaxe vermittelt, GOAL-Praxis, bei dem im Rollenspiel Fertigkeiten (»Skills«) zur Rückfallprophylaxe und zur Gestaltung sozialer Kontakte eingeübt werden, GOAL-Kreativ, bei dem sich dem Drogenkonsum und seinen Auswirkungen über künstlerische Gestaltung angenähert werden soll, GOAL-Sport zur Steigerung der körperlichen Leistungsfähigkeit und GOAL-Nachsorge zur nachhaltigen und kontinuierlichen Rückfallprophylaxe.

In den letzten Jahren werden zunehmend Angehörige in die integrierten Behandlungsprogramme von Doppeldiagnose-Patienten mit einbezogen (Gouzoulis-Mayfrank 2018). In der Regel werden bewährte Interventionen aus Behandlungsprogrammen für Angehörige psychisch anders Erkrankter (wie z. B. Psychoedukation, Kommunikations- und Problemlösetrainings) miteinander kombiniert und auf die Bedürfnisse der Zielgruppe angepasst. Die Einbeziehung der Angehörigen zielt neben einer Verbesserung des Krankheitsverlaufs ebenso auf eine Entlastung der Angehörigen selbst und deren psychischer Belastung ab. In englischer Sprache liegen mehrere Veröffentlichungen vor, die den Familien der Erkrankten Psychoedukation, Kommunikationstrainings sowie Problemlösetrainings anbieten (C-BIT: Cognitive-Behavioural Integrated Treatment (Graham et al. 2004); FIDD: Family Intervention for Dual Disorders (Mueser & Fox 2002)). Auf die Inhalte wird detailliert in Kapitel 1.5 eingegangen (▶ Kap. 1.5).

In deutscher Sprache ist GOAL (Modul: GOAL-Angehörige) gegenwärtig das einzige manualisierte Behandlungsprogramm für Doppeldiagnosepatienten im deutschsprachigen Raum, das neben der spezifischen Behandlung der Patienten eine psychoedukative Intervention für die Angehörigen der Patienten beinhaltet. Angehörige werden als wertvolle Co-Therapeuten angesehen, die einen wichtigen Beitrag zur langfristigen Stabilisierung der Erkrankten leisten können. GOAL-Angehörige besteht aus neun Gruppensitzungen, in denen Informationen zu Psychosen, Suchtmitteln und deren möglichen Zusammenhängen sowie zum Umgang mit Rezidiven/Rückfällen vermittelt werden. Darüber hinaus erhalten die Angehörigen Vorschläge und Tipps für den Umgang mit aus der Erkrankung resultierenden Belastungen und Informationen über weiterführende ambulante Hilfen. Verhaltenstherapeutische Elemente oder ein Kommunikationstraining sind in GOAL-Angehörige nicht enthalten.

1.3.2 Effektivität der integrierten Behandlung

Auf die Entwicklung integrierter Behandlungsprogramme für Patienten mit Psychosen und komorbider Substanzstörung folgten mehrere systematische Untersuchungen zur Effektivität dieser Behandlungen, die sich stark in den Studiendesigns, der Anzahl an Probanden und Messwiederholungen unterschieden. Die Anzahl der Untersuchungen war bereits so groß, dass Metaanalysen veröffentlicht wurden, um deren Ergebnisse zusammenzufassen (Drake et al. 1998, Drake et al. 2004, Drake et al. 2008). In der Zusammenschau sprechen die Ergebnisse dafür, dass langfristig angelegte, ambulante, niedrigschwellige und motivationsbasierte Behandlungsprogramme gegenüber intensiven Behandlungssettings mit Abstinenzgebot hinsichtlich Drop-Out-Raten, Akuthospitalisationen, der Anzahl stationärer Behandlungstage, medizinischen und sozialen Komplikationen sowie graduell auch hinsichtlich des Ausmaßes des Substanzkonsums bessere Ergebnisse erzielten (Drake et al. 1998, Drake et al. 2004, Drake et al. 2008). Auf der Basis von Cochrane-Reviews, die im Durchschnitt nur leichte Vorteile integrierter Behandlungsprogramme gegenüber Standardbehandlungen aufzeigten (Cleary et al. 2008, Horsfall et al. 2009, Hunt et al. 2014), empfiehlt die NICE-Leitlinie aus Großbritannien zwar eine gleichzeitige, evidenzbasierte Behandlung beider Störungen (Psychose und Substanzstörung), macht jedoch keine explizite Empfehlung zum Setting (NICE 2011, updated 2016). Demgegenüber wird in der deutschen S3-Leitlinie Schizophrenie von 2005 und in der aktuell in der Konsultationsfassung vorliegenden Revision die integrierte Behandlung als Expertenkonsens empfohlen (DGPPN 2005, 2018). In der Zusammenschau erscheint die integrierte Behandlung von Menschen mit Psychose und Sucht, die im klinischen Alltag oft als »schwierig« erlebt werden, im Sinne einer »Harm-Reduction« langfristig am erfolgreichsten; die Patienten werden in der Behandlung gehalten und ihre Abstinenzmotivation und -zuversicht wird mittelfristig gestärkt (Drake & Green 2015, Gouzoulis-Mayfrank 2018).

1.4 Warum Angehörige in die Behandlung mit einbeziehen?

In Anlehnung an Mueser, Noordsey, Drake und Fox (Mueser et al. 2003) lassen sich mehrere Gründe formulieren, warum Familien in die Behandlung von Menschen mit Doppeldiagnosen einbezogen werden sollten:

- Familienmitglieder sind häufig die wichtigsten Bezugspersonen für die Patienten.
- Aus der Versorgung der Patienten können Konflikte zwischen Patienten und Mitgliedern der Familie entstehen, die sich negativ auf den Krankheitsverlauf und Substanzkonsum auswirken.
- Familienmitglieder fühlen sich durch die Erkrankung belastet und haben ihrerseits ein erhöhtes Morbiditätsrisiko.
- Familienmitglieder haben ein Bedürfnis nach Wissen über die Erkrankungen und den Umgang damit.

1.4.1 Familienmitglieder sind Bezugspersonen für Patienten mit Psychose und Substanzstörung

Viele Patienten mit Psychose und Substanzstörungen leben im Kreis ihrer Herkunftsfamilie oder haben zumindest regelmäßigen Kontakt zu ihren Familienmitgliedern (Clark 1996, Mueser & Fox 1998). US-amerikanische Forscher erfassten bei stationären Psychiatrie-Patienten mit komorbider Substanzstörung eine größere Unzufriedenheit mit ihren Familienbeziehungen sowie einen größeren Wunsch nach Einbeziehung ihrer Familien in die Behandlung als bei Patienten mit einer alleinigen psychischen Störung (Dixon et al. 1995).

Familienmitglieder stellen häufig die Hauptquelle an Sozialkontakten der Patienten dar und sind meist die wichtigsten Vertrauenspersonen in psychischen Krisen (Mueser et al. 2003). Sie unterstützen die Patienten emotional und finanziell und stellen somit in der Regel die Grundversorgung der Patienten sicher (Clark 1996). In den USA wenden die Eltern von Doppeldiagnosepatienten ca. 16 % ihres Jahreseinkommens für die Unterstützung der Erkrankten auf (Clark 1996).

Forscher gehen zudem davon aus, dass das familiäre Umfeld einen konstruktiven Behandlungsdruck zur Reduktion oder Aufgabe des Substanzkonsums aufbauen und somit die Behandler unterstützen kann (Modestin et al. 2001). Substanzkonsum findet häufig gemeinsam mit Freunden, seltener auch mit Familienangehörigen statt, so dass ohne Berücksichtigung des sozialen Kontextes eine Veränderung des Konsumverhaltens nur schwer umzusetzen scheint (Mueser et al. 1990, Schofield et al. 2001). Einerseits könnten Ressourcen der Familienmitglieder dazu genutzt werden, als Co-Therapeuten die Abstinenzbemühungen der Patienten in ihrem häuslichen Umfeld zu unterstützen, andererseits könnten durch die Einbeziehung der Familien auch deren mögliche ungünstige Einflüsse berücksichtigt und möglichst minimiert werden (Schofield et al. 2001). Halten sich die Patienten in einem substanzkonsumierenden Umfeld auf, könnten sie vom Aufbau eines alternativen, abstinenten sozialen Netzwerks profitieren, z. B. in Form von Selbsthilfegruppen (Humphreys et al. 2004, Laudet et al. 2003, Roush et al. 2015).

1.4.2 Negative Auswirkungen familiärer, krankheitsbedingter Konflikte

Doppeldiagnosepatienten weisen im Vergleich zu Psychosepatienten ohne komorbide Substanzstörung schwerwiegendere Konflikte zu anderen Personen auf, besonders zu ihren Familienmitgliedern (Salyers & Mueser 2001). Die daraus resultierenden Belastungen und emotionalen Spannungen mit den Familienmitgliedern wirken sich in der Regel nachteilig auf den Krankheitsverlauf der schizophrenen Erkrankung und den Substanzkonsum aus: Wurden Psychosepatienten nach der Krankenhausbehandlung in ein Umfeld entlassen, in dem viel Kritik, Ablehnung oder emotionales Überengagement vorherrschten, so wurden im Durchschnitt etwa 50–60 % der Patienten innerhalb von neun Monaten wieder so krank, dass erneut eine stationäre Behandlung erforderlich wurde; demgegenüber wurden im gleichen Zeitraum nur ca. 20 % der Patienten wieder stationär behandlungsbedürftig, wenn sie nach ihrer Behandlung in ein Umfeld entlassen wurden, in dem Wohlwollen und wenig Kritik vorherrschten (Leff & Vaughn 1985, Tarrier & Turpin 1992). Der Ausdruck von Kritik, Ablehnung und emotionalem Überengagement wurde von den Autoren als »High-Expressed-Emotions« (High-EE), eine zurückhaltende und wohlwollende Umgebung als »Low-Expressed-Emotions« (Low-EE) bezeichnet (Brown et al. 1972, Brown et al. 1962, Leff & Vaughn 1985, Vaughn & Leff 1981). Dabei scheinen Psychosepatienten v. a. auf ein hohes Ausmaß an Kritik sensitiv zu reagieren (Cutting et al. 2006, Koutra et al. 2015b, Nirmala et al. 2011). Der Zusammenhang zwischen Expressed-Emotions und Rezidiven sowie Rehospitalisierungen wurde in den vergangenen Jahrzehnten mehrfach repliziert und bestätigt (Butzlaff & Hooley 1998). Die Wirkmechanismen des »Expressed-Emotions«-Konzeptes wurden noch nicht vollständig erklärt, aber Nachweise über die Veränderbarkeit von EE (Hogarty et al. 1986, Tarrier et al. 1988) legen komplexe Interaktionen zwischen Patienten und ihren Angehörigen oder den Bedingungen ihres Zusammenlebens nahe (Kuipers & Bebbington 1988).

Nach gegenwärtiger Studienlage scheint die Höhe von EE subjektiven Bewertungen und Attributionsmustern zu unterliegen (Gonzalez-Blanch et al. 2010, Raune et al. 2004, Scazufca & Kuipers 1996). Offenbar werden bestimmte Symptome von Psychosepatienten, insbesondere ihr Substanzkonsum, von ihrem Umfeld häufig als internal-kontrollierbar attribuiert, was das Ausmaß an Kritik gegenüber den Patienten mit Psychose und komorbidem Substanzkonsum zusätzlich erhöht (Barrowclough et al. 2005). Eine kritische Haltung gegenüber Patienten scheint die Wahrscheinlichkeit zu verringern, dass die Patienten Problemverhalten wie z. B. schädlichen Substanzkonsum verändern (Miller et al. 1993). Einige Studien liefern Hinweise darauf, dass Konflikte zwischen Patienten und ihren Angehörigen sogar das Risiko für einen Substanzmissbrauch erhöhen (Marlatt 1985), wie z. B. für Alkohol- (O'Farrell et al. 1998) und Cannabiskonsum (Gonzalez-Blanch et al. 2015). Ein wenig kritisierendes Umfeld hingegen scheint bei ersterkrankten Psychosepatienten mit komorbidem Cannabiskonsum einen Rückgang des Cannabiskonsums zu begünstigen (Gonzalez-Blanch et al. 2015).

Neben der erhöhten Gefahr von Rehospitalisierungen und der Zunahme des schädlichen Substanzkonsums droht den Patienten bei anhaltenden Konflikten mit den Angehörigen ein Verlust der Unterstützung ihres sozialen Umfelds. Nicht selten distanzieren sich Angehörige von den Patienten, ca. ein Drittel der Angehörigen von chronisch schizophren Erkrankten kann nicht mehr ausfindig gemacht werden oder lehnt den Kontakt zu den Erkrankten ab (Bäuml 2004). Der daraus folgende Verlust emotionaler und finanzieller Unterstützung kann dazu führen, dass Patienten sozial isoliert und ihre grundlegenden Bedürfnisse nicht mehr befriedigt werden (Clark 1996). Mehrere Studien mit Erkrankten in New York City legen eine daraus resultierende Destabilisierung der Wohnsituation bzw. den Verlust der Unterkunft im Kreis der Familie nahe, die häufig bis hin zur Obdachlosigkeit führen kann (Caton et al. 1994, Drake & Brunette 1998). Substanzkonsum stellt darüber hinaus ein zusätzliches Risiko für ungünstige Wohnverhältnisse und Obdachlosigkeit dar (Drake et al. 1996, Odell & Commander 2000). Diese zusätzlich möglichen sozialen und emotionalen Folgebelastungen können die Krankheitssymptome verstärken und die Dauer stationärer Behandlungen verlängern (Kashner et al. 1991, Schofield et al. 2001). So gingen kleinere soziale Netzwerke bei obdachlosen Psychosepatienten mit komorbider Alkoholabhängigkeit mit signifikant höherem Alkoholkonsum einher (Trumbetta et al. 1999). Darüber hinaus kann der Verlust des unterstützenden Umfelds zur dissozialen Entwicklung der Patienten beitragen und das Risiko für eine schlechtere körperliche Gesundheit erhöhen (Drake & Brunette 1998, Thompson et al. 1997). Steht den Familienangehörigen professionelle Hilfe zur Verfügung, sind sie häufig bereit, sich den Erkrankten wieder mehr zuzuwenden (Mueser et al. 2003).

1.4.3 Angehörige fühlen sich durch die Erkrankung belastet und haben ihrerseits ein erhöhtes Morbiditätsrisiko

Schwerwiegende psychische Störungen wie Psychosen und komorbide Substanzstörungen wirken sich in der Regel psychisch belastend auf die Angehörigen der Erkrankten aus (Caqueo-Urizar et al. 2016). Dabei entsteht Belastung aus einem komplexen Zusammenspiel vieler Faktoren wie z. B. Merkmalen der Erkrankung, Merkmalen der Angehörigen, kognitiven Prozessen, Kommunikationsstilen, sozialer Unterstützung, finanziellen Voraussetzungen und Strategien im Umgang mit der Erkrankung (Caqueo-Urizar et al. 2014).

Ist ein Familienmitglied an einer schweren psychischen Erkrankung wie Schizophrenie erkrankt, schränkt dies meist die subjektive Lebensqualität der Angehörigen ein (Foldemo et al. 2005, Gomez-de-Regil et al. 2014). Die unterstützenden Familienmitglieder fühlen sich im Vergleich zur Allgemeinbevölkerung psychisch durchschnittlich doppelt so hoch belastet, was sich in einem erhöhten Risiko für Depressionen, Angst- und Schlafstörungen (Lasebikan & Ayinde 2013b, Saunders 2003), in eingeschränkten Freizeitaktivitäten, einem Rückgang von Sozialkontakten, finanzieller Mehrbelastung

(Clark 1996) und in somatischen und emotionalen Problemen widerspiegelt (Lauber et al. 2003, Perlick et al. 2006). Zudem können familiäre Beziehungen und Rollen von Familienmitgliedern langfristig zerrüttet werden (Karp & Tanarugsachock 2000, Lauber et al. 2003, Niv et al. 2007). In einigen Fällen kommt es sogar zu körperlichen Auseinandersetzungen (Straznickas et al. 1993), die für die Angehörigen einen besonders starken Belastungsfaktor darstellen (Bowman et al. 2014, Gülseren et al. 2010).

Familienangehörige von Psychosekranken scheinen insbesondere unter eingeschränkten sozialen Funktionsniveaus der Patienten zu leiden (Gomez-de-Regil et al. 2014, Gülseren et al. 2010, Koutra et al. 2015a), des Weiteren unter Zwangssymptomen, Ängstlichkeit und Depressivität der Erkrankten (Saunders 1999) sowie unter Produktivsymptomen wie Verfolgungswahn oder Halluzinationen (Gülseren et al. 2010, Saunders 1999). Sie zeigten sich stressbelasteter, wenn die Psychosepatienten ein verringertes globales, allgemeines Funktionsniveau aufwiesen (Möller-Leimkühler 2006, Rammohan et al. 2002), ein niedrigeres Bildungsniveau hatten (Rammohan et al. 2002) und Verhaltensprobleme zeigten (Biegel et al. 1994). Ebenso gehen aus der Erkrankung resultierende finanzielle Belastungen (Gülseren et al. 2010), ein erlebter Mangel an sozialer Unterstützung bzw. kleinere soziale Netzwerke mit größerer Angehörigenbelastung einher (Gülseren et al. 2010). Entsprechend werden die Patienten von ihren Angehörigen als weniger belastend empfunden, wenn sie und die Patienten über unterstützende soziale Netzwerke verfügen (Potasznik & Nelson 1984), darüber hinaus wirken sich ein jüngeres Patientenalter (Rammohan et al. 2002), die regelmäßige Einnahme der Psychopharmaka wie ärztlich verordnet (Lasebikan & Ayinde 2013a) und das Ausüben einer festen beruflichen Tätigkeit belastungsreduzierend aus (Möller-Leimkühler & Wiesheu 2012).

Betrachtet man die Familien von Patienten mit Substanzstörungen, so ist das Ausmaß der Beeinträchtigungen für die Familienmitglieder öfter viel größer als für das substanzkonsumierende Familienmitglied selbst, meist werden fast alle Bereiche des Familienlebens in Mitleidenschaft gezogen (Mannelli 2013, Mattoo et al. 2013). Die Familienmitglieder, insbesondere die Ehepartner, haben ein erhöhtes Risiko für die Entwicklung von psychischen Belastungen wie Depressivität, Zorn, Sorgen, sowie von Scham- und Schuldgefühlen, finanziellen Belastungen und Zerrüttungen der Familienbeziehungen (Daley 2013, Klostermann & O'Farrell 2013). Sie benötigen häufig medizinische Versorgung (Ray et al. 2007) und erleben die mit dem Abhängigen gemeinsam verbrachte Zeit als unangenehm (Orford et al. 1998b). Insbesondere die Kinder von substanzkonsumierenden Eltern sind die Leidtragenden, falls die Eltern ihre Rolle als Fürsorger nicht mehr adäquat wahrnehmen (Mannelli 2013). Die Kinder haben dann ein erhöhtes Risiko für Entwicklungs- und Verhaltensstörungen, haben geringere Bildungschancen und entwickeln psychische Störungen aufgrund von Missbrauch, Vernachlässigung und Substanzkonsum (Daley 2013, Klostermann & O'Farrell 2013, Salo & Flykt 2013). In einer Untersuchung von Familienmitgliedern von Alkohol- und Opioidabhängigen wiesen die Familienmitglieder ein sehr hohes psychisches Belastungsniveau auf, das vor allem mit niedrigem Einkommen und einem Leben in ländlichen Regionen assoziiert war (Mannelli 2013).

Liegt neben einer schweren psychischen Erkrankung eine weitere komorbide Störung wie eine Substanzstörung vor, so führt dies im Vergleich zum Vorliegen einer einzelnen psychischen Störung zu einer noch höheren Belastung für die Familienangehörigen (Albanese & Khantzian 2001, Niv et al. 2007, Perlick et al. 2006).

Mehrere Studien weisen auch auf Zusammenhänge zwischen dem Stresserleben der Angehörigen und der emotionalen Familienatmosphäre (EE) hin: so berichten Angehörige von Psychosekranken eine höhere subjektive Belastung, wenn sie in einem High-EE-Umfeld leben als Angehörige, die in einem Low-EE-Umfeld leben (Carra et al. 2012a, Jansen et al. 2015, Raune et al. 2004). Symptome der Erkrankung, die Anzahl stationärer Behandlungen oder die Dauer der Erkrankung scheinen keinen signifikanten Zusammenhang zu Expressed Emotions aufzuweisen (Carra et al. 2012a). Betrachtet man die Eigenschaften der Angehörigen, ist High-EE weniger wahrscheinlich, wenn die Angehörigen einer regelmäßigen beruflichen Tätigkeit nachgehen (Scazufca & Kuipers 1996).

Stress entsteht bei den Angehörigen v.a. dann, wenn sie sich im Umgang mit den Erkrankten überfordert fühlen, wobei kognitive Bewertungsprozesse bei der Einschätzung der aus der Erkrankung entstehenden Anforderungen und den eigenen Bewältigungsressourcen eine Rolle spielen (Lazarus 1966, Lazarus & Folkman 1984). In Abkehr von traditionellen Auffassungen, in denen entweder nur die Erkrankten oder nur die Angehörigen für das Stresserleben verantwortlich gemacht wurden, ist das Stress-Coping-Modell transaktional ausgerichtet (Copello 2003). In der gegenwärtigen Forschung zur Belastung Angehöriger von psychisch Kranken findet man zahlreiche Hinweise auf kognitive Vorgänge bei der Entstehung von Stress. Bei Erstmanifestation einer schizophrenen Psychose steht die erlebte Belastung der Angehörigen eng in Zusammenhang mit der subjektiven Einschätzung des Schweregrads der Erkrankung (Jansen et al. 2015, Möller-Leimkühler 2006). Verwandte von Psychosepatienten fühlen sich stressbelasteter, wenn sie die Erkrankung als chronisch und die negativen Konsequenzen der Symptome als schwerwiegend einschätzen, die Symptome der Patienten als internal kontrollierbar attribuieren und der therapeutischen Behandlung weniger Wirksamkeit zusprechen (Möller-Leimkühler & Wiesheu 2012, Suro & Weisman de Mamani 2013). Eine Untersuchung mit einer Stichprobe von 54 lateinamerikanisch-stämmigen Familien in den USA berichtete einen Zusammenhang zwischen einer hoffnungsvollen Sicht von Familienmitgliedern auf einen positiven Krankheitsverlauf und einer geringeren Familienbelastung (Hernandez et al. 2013).

Familien von psychisch Erkrankten reagieren mit einer Vielzahl von Coping-Verhalten, um mit der Erkrankung umzugehen. Qualitative Analysen einer großen Stichprobe von Familien in Südengland und Mexiko, in denen ein Familienmitglied unter einer Alkohol- oder Drogenabhängigkeit litt, erfassten viele unterschiedliche Coping-Stile der nichterkrankten Familienmitglieder (Orford et al. 1998b). Diese variierten von versuchter Kontrolle des Substanzkonsums über ein Verlassen des Erkrankten, die Verteidigung seines Konsums vor anderen bis hin zu Kritik und Auseinandersetzungen (Orford et al. 1998a).

Familienangehörige erlebten durchschnittlich eine stärkere psychische Belastung, wenn sie sich selbst für die Erkrankung des Familienmitglieds beschuldigten (Fortune et al. 2005) oder bevorzugt Ablehnung als Coping-Strategie anwandten

(Cotton et al. 2013, Rammohan et al. 2002) und über wenige Coping-Ressourcen verfügten (Magliano et al. 1998). Familien von Menschen mit Schizophrenie mit geringen Coping-Ressourcen (Birchwood & Spencer 2001) und Vermeidungsstrategien (Raune et al. 2004) scheinen zudem prädestiniert für High-EE zu sein. Angehörige, die emotional unterstützend einwirkten (Fortune et al. 2005, Hall 2000) und sich um Verständnis sowie Akzeptanz der Erkrankung bemühten (Yamashita 1998), erlebten weniger Stress. Die Vermittlung spezifischer Informationen über die Erkrankung und zum adäquaten Umgang mit krankheitsspezifischem Verhalten der Erkrankten scheint zur Bewältigung der erlebten Belastung Angehöriger beizutragen (Mueser et al. 1997b). Bäuml (2004) schlägt dazu die Anregung verschiedener Coping-Ressourcen in gruppentherapeutischen Sitzungen für Angehörige vor, z. B. »offen über die Erkrankung sprechen«, »Hilfsangebote in Anspruch nehmen«, »sich mit anderen Betroffenen austauschen«, »ausgleichende Freizeitaktivitäten« und ähnliches.

Copello und Kollegen (Copello 2003, Copello et al. 2000) entwickelten in Anlehnung an Orford et al. (Orford et al. 1998a, Orford et al. 2001) eine Coping-Typologie für den Umgang von Angehörigen mit Doppeldiagnosepatienten, die aus drei allgemeinen (tolerant, engaged, withdrawal) und acht spezifischen Coping-Stilen (controlling, emotional, assertive, inactive, tolerant, supportive, avoiding, independent) besteht (▶ Tab. 1.1). Diese Bewältigungsstile beinhalten Verhalten, Gedanken und Emotionen, die mit Vor- und Nachteilen verbunden sein können (Copello 2003). So kann ein toleranter Coping-Stil z. B. dazu führen, dass ein Angehöriger den Erkrankten mit Geld unterstützt, auch wenn dieses vermutlich für Drogen ausgegeben wird. Dies hat als möglichen Vorteil eine Konfliktvermeidung zur Folge, während als möglicher Nachteil das Gefühl und Gedanken entstehen, ausgenutzt worden zu sein (Copello 2003). Ein rückzügiger Coping-Stil könnte entsprechend dazu führen, dass der Angehörige ein Gefühl der Eigenständigkeit entwickelt oder auch Wut und Gedanken wie »je weniger wir zusammen sind, desto besser«. Möglicher Vorteil könnte hier eine Vermeidung von Überforderungserleben sein, potentieller Nachteil eine Zunahme von Krankheitssymptomen des Erkrankten aufgrund des Verlusts der Angehörigenunterstützung.

Tab. 1.1: Allgemeine und spezifische Coping-Stile der Angehörigen von Patienten mit Psychose und komorbider Substanzstörung (modifiziert nach Copello 2003)

Allgemeine Coping-Stile	Spezifische Coping-Stile
Involviertheit	• kontrollierend • emotional • durchsetzungsfähig
Duldung	• inaktiv • duldend • unterstützend
Rückzug	• vermeidend • unabhängig

1.4.4 Das Bedürfnis nach Wissen: Nutzen der Psychoedukation und eines Kommunikationstrainings

Die Familienmitglieder von psychotisch Erkrankten haben ein hohes Interesse an Aufklärung über Ursachen der Erkrankung, ihre Symptome, Zusammenhänge zwischen Psychosen und substanzbezogenen Störungen sowie Behandlungsmöglichkeiten (Mueser et al. 1992). Zudem wünschen viele Psychosepatienten mit komorbidem Substanzkonsum die Einbeziehung ihrer Angehörigen (Dixon et al. 1995).

Aufgrund des häufigen Kontakts zwischen den Erkrankten und ihren Verwandten kann der Wissenserwerb den Familien helfen, mögliche Wechselwirkungen zwischen Substanzkonsum und der psychischen Erkrankung zu erkennen sowie die Behandlungsmöglichkeiten und -grenzen einzuschätzen. So können sie den Krankheitsverlauf beobachten und gegebenenfalls korrektive Handlungen vornehmen (Mueser et al. 2003). Ohne gezielte Psychoedukation unterschätzen die Angehörigen die Bedeutung der Psychopharmaka oder die negativen Auswirkungen selbst geringer Substanzmengen auf die psychotische Erkrankung (Mueser & Gingerich 2013).

Das Erlernen adäquater Kommunikationsfertigkeiten kann Konflikte zwischen den Erkrankten und ihren Familien entschärfen, ggfs. High-EE senken und den somit potentiell nachteiligen Folgen für den Krankheitsverlauf entgegenwirken. Kommunikationsfertigkeiten können auch dazu eingesetzt werden, die Adhärenz der Patienten zu verstärken und die Hoffnung auf Genesung aufrechtzuerhalten (Mueser & Gingerich 2013). Die Informationsvermittlung sollte auch die Vermittlung adäquater Coping-Strategien für den Umgang mit psychischen Belastungen beinhalten, um das Stresserleben der Angehörigen zu reduzieren (Copello 2003). Bei der Informationsvermittlung sollten den Angehörigen schriftliche Zusammenfassungen der Sitzungen in Form von Handouts zur Verfügung gestellt werden (Mueser et al. 2003).

1.5 Effektivität doppeldiagnosespezifischer Interventionen mit Einbeziehung der Angehörigen

Zahlreiche Studien haben die Einbeziehung der Angehörigen in die Behandlung schizophren Erkrankter untersucht und positive Effekte auf den Krankheitsverlauf der Erkrankten (Mayoral et al. 2015, Pitschel-Walz et al. 2001) und die erlebte Belastung der Angehörigen (Caqueo-Urizar et al. 2014, Saunders 2003, Yesufu-Udechuku et al. 2015) aufgezeigt.

Auch wenn vergleichsweise wenige Studien den Einfluss der Angehörigen auf den Verlauf der psychotischen und komorbiden Substanzstörungen untersuchten, so bieten diese Veröffentlichungen Hinweise auf positive Effekte der Einbeziehung der Angehörigen für die Patienten wie für die Angehörigen selbst (Dixon et al. 2010, Drake et al. 2008).

Graham und Kollegen entwickelten in Birmingham (UK) das COMPASS-Behandlungsprogramm (Combined Psychosis and Substance Use) (Graham et al. 2003), das einem kognitiv-verhaltenstherapeutischen, integrierten Behandlungsansatz folgt (engl. C-BIT: cognitive-behavioural integrated treatment) (Graham et al. 2004). Mittels C-BIT sollen Patienten mit Psychose und komorbider Substanzstörung auf eine nichtdirektive Art und Weise dazu befähigt werden, »gesunde« Alternativen zum Substanzkonsum zu entwickeln. Die Behandlung umfasst mehrere Kernkomponenten, die die Patienten sequentiell über die Dauer von zwölf Wochen durchlaufen: Kontaktaufnahme und Einschätzung, Beziehungsaufbau und Aufbau von Veränderungsmotivation, Anregung von Verhaltenswechseln, Rückfall- und Rezidivmanagement sowie zwei zusätzliche Komponenten (Fertigkeiten-Training für den Umgang mit Craving, Arbeit mit Angehörigen und weiteren sozialen Netzwerken), die parallel zu den Kernkomponenten durchgeführt werden. Zusätzlich wurde eine doppeldiagnosespezifische Kurzversion eines Motivational Interviewings publiziert (BIMI: Brief Integrated Motivational Interviewing) (Graham et al. 2016). Die einzelnen Komponenten können bei Rückfällen wiederholt werden; die Zeit, die ein Patient innerhalb einer Behandlungskomponente verbleibt, hängt dabei von seiner Veränderungsmotivation ab. Die Arbeit mit Angehörigen und sozialen Netzwerken hat zum Ziel, konsumfördernde wie auch abstinenzfördernde Mitglieder des sozialen Netzwerks der Patienten zu identifizieren. Einerseits sollen Patienten motiviert werden, sich von konsumfördernden Personen zu distanzieren und sich nichtkonsumierenden Personen zuzuwenden, andererseits sollen Letztere in die Behandlung eingebunden werden, um die Patienten in ihrem Bemühen um Substanzreduktion bzw. Abstinenz zu unterstützen. Zur Evaluation von COMPASS wurden über einen Zeitraum von drei Jahren psychiatrische Symptome, der Alkohol- und Drogenkonsum und substanzbezogene Überzeugungen erhoben. Nach drei Jahren zeigten sich signifikante Rückgänge beim Konsum von Alkohol und positiven Überzeugungen zu Alkohol sowie eine höhere Bindung an das Therapieprogramm. Es zeigten sich keine nennenswerten Veränderungen bei den psychiatrischen Symptomen. Mögliche Auswirkungen auf die Angehörigen wurden nicht untersucht (Graham et al. 2006).

Das am detailliertesten beschriebene und am sorgfältigsten evaluierte Behandlungsprogramm für Angehörige von Patienten mit Psychose und komorbider Substanzstörung ist aktuell die »Family Intervention for Dual Diagnosis (FIDD)« von Mueser und Kollegen (Mueser et al. 2003). FIDD komplettiert ein integriertes Behandlungsprogramm für Doppeldiagnosepatienten, das über fast zwei Jahrzehnte an der Dartmouth Medical School und kooperierenden Instituten entwickelt wurde (Mueser & Drake 2003, Mueser et al. 1998a, Mueser et al. 2003). Die Autoren nennen als kurzfristiges Ziel die Herstellung einer Arbeitsbeziehung zwischen Behandlern und den Familien der Erkrankten, um negative Konsequenzen des Substanzkonsums abzumildern, langfristig soll eine Reduktion des Substanzkonsums bzw. Abstinenz erreicht sowie Patienten und ihre Angehörigen beim Erreichen persönlicher und gemeinsamer Ziele unterstützt werden. Professionelle Behandlerteams arbeiten dazu mit einzelnen Familien (single family treatment) und mehreren Familien gleichzeitig (multiple family treatment).

Das »single family treatment« beinhaltet sechs Stufen: Aufbau einer therapeutischen Beziehung, Psychoedukation, Kommunikationstraining, Problemlösetraining, Rückfallprophylaxe und eine Abschlussphase. Familienmitgliedern soll Wissen vermittelt werden, sie sollen zu einem Teil des Behandlerteams werden und positiv auf die Behandlung der Erkrankten einwirken. Ebenso sollen weitere Lebensbereiche verbessert werden (z. B. Arbeit, Sozialkontakte, gesunde Lebensführung). Nach Kontaktaufnahme und Einwilligung der Patienten wird jedes einzelne Familienmitglied über sein gegenwärtiges Krankheitsbild und seine Veränderungswünsche befragt. Die Psychoedukation soll Informationen über die Erkrankung, die Wirkung von Substanzen und mögliche Auswirkungen auf den Krankheitsverlauf vermitteln, darüber hinaus sollen verschiedene Kommunikationsfertigkeiten vermittelt werden. Es folgen ein Problemlösetraining (Falloon et al. 1984) und eine Abschlussphase. Das single family treatment wird von trainierten Klinikern durchgeführt, bei Bedarf werden die Familien auch zu Hause aufgesucht, um einen Eindruck davon zu bekommen, wie die Patienten im Kreise ihrer Familien leben und welche Eigenschaften der Umgebung eventuell zum Substanzkonsum beitragen. Die Sitzungen dauern gewöhnlich eine Stunde, werden zunächst wöchentlich, dann zweiwöchentlich und später monatlich durchgeführt. Die Teilnahme am single family treatment ist auf maximal sechs Monate begrenzt, Familien können aber bei Bedarf an Erhaltungsgruppen teilnehmen, die in regelmäßigen Zeitabständen angeboten werden.

Nachdem die Familien für ein bis drei Monate »single family treatment« erhalten haben, sollen sie ergänzend am »multiple family treatment« teilnehmen. Die Sitzungen finden ein- bis zweimal pro Monat als Gruppen mit mehreren Familien bzw. Angehörigen statt, dauern 60 bis 90 Minuten und werden von zwei Gruppenleitern durchgeführt, von denen mindestens einer Mitglied des Behandlerteams der Patienten ist. Die Teilnahme der Patienten an den multiplen Gruppen ist erwünscht. Es besteht regelmäßiger Kontakt zwischen den Gruppenleitern und den Angehörigen. Ziele des multiple family treatments sollen emotionale und beratende Unterstützung sein, der gegenseitige freie Austausch zwischen den Angehörigen über ihre Erfahrungen und den Umgang mit der Erkrankung sowie anhaltender Kontakt zum Behandlerteam. In den Sitzungen werden Präsentationen zu einem störungsrelevanten Thema gezeigt, dann wird eine Gruppendiskussion über das Thema eröffnet, in der die Familien ihre Erfahrungen und Perspektiven teilen. Gemeinsam können Probleme diskutiert und nach Lösungen gesucht werden. Die Gruppenleiter versuchen, eine wechselseitig respektvolle Atmosphäre herzustellen, akzeptieren wertfrei die erlebten Frustrationen und Probleme der Teilnehmer. Die Gruppen enden mit einer Zusammenfassung und Diskussion zukünftiger Themen. In den ersten Sitzungen sollen die Gruppenleiter Themen vorgeben, in späteren Sitzungen können externe Sprecher eingeladen werden. Beispiele für Themen sind gestörte Kommunikation zwischen den Familienmitgliedern, Umgang mit Suchtdruck, Coping-Strategien, Risikosituationen für Rückfälle in Substanzkonsum usw.

In einer ersten Evaluation wurden zehn Familien von schizophren, schizoaffektiv, bipolar und depressiv Erkrankten mit komorbidem Alkohol- und Drogenkonsum untersucht, von denen sechs über ein Jahr am single family treatment teilnahmen

(Mueser & Fox 2002). Die teilnehmenden Angehörigen waren größtenteils die Eltern. Vier der sechs Familien nahmen am multiple family treatment teil. Bei allen Erkrankten unter den teilnehmenden Familien ging der Substanzkonsum zurück (Mueser & Fox 2002).

In einer Folgeuntersuchung mit einem randomisierten Design erwies sich FIDD gegenüber einer Kontrollbedingung, in der nur Psychoedukation durchgeführt wurde, als überlegen im Rückgang psychiatrischer Symptome und des Substanzkonsums sowie einer Zunahme des globalen, allgemeinen Funktionsniveaus. In der FIDD-Bedingung erwarben die Angehörigen mehr Wissen über die komorbiden Störungen. Hinsichtlich finanzieller Aufwendungen, psychischer Belastungen und Sorgen profitierten die Angehörigen in beiden Bedingungen in ähnlichem Ausmaß (Mueser et al. 2013). Insgesamt erscheint FIDD aber aufgrund seines Umfangs und seiner Komplexität nur schwer in die psychiatrische Routineversorgung implementierbar.

2 Behandlungsmanual FIPA (Familienintervention bei Menschen mit Psychose und Abhängigkeitserkrankung)

2.1 Allgemeines

2.1.1 Entwicklung der Familienintervention

Die FIPA-Intervention für Angehörige (FIPA: Familienintervention bei Menschen mit Psychose und Abhängigkeitserkrankung) wurde als Ergänzung zum Behandlungsprogramm für stationäre, teilstationäre und ambulante Patienten mit Psychose (Schizophrenien sowie vorübergehende psychotische Störungen mit schizophrenieähnlichen Symptomen) und komorbider Substanzstörung an der LVR-Klinik Köln entwickelt und erstmalig im Jahr 2013 implementiert. Die auf einer offen geführten, allgemeinpsychiatrischen Station mit dem Behandlungsschwerpunkt »Doppeldiagnose Psychose und komorbide Substanzstörungen« behandelten Patienten[1] nehmen dort seit 2009 in einem gruppentherapeutischen Setting an einer Motivationsgruppe zur Förderung der Abstinenzmotivation, an einer psychoedukativen Gruppe (KomPAkt) und einer verhaltenstherapeutischen Gruppe zur Entwicklung von abstinenzbezogenen Skills (KomPASs) teil. Für eine detaillierte Beschreibung des Therapieprogramms mit Manualen für die Psychoedukation und Verhaltenstherapie siehe Gouzoulis-Mayfrank (2007). Das Behandlungsprogramm wurde bereits im Rahmen einer randomisierten kontrollierten Studie im Vergleich zu einer Standardbehandlung erfolgreich evaluiert (Gouzoulis-Mayfrank et al. 2015).

Im Behandlungsalltag wurde deutlich, dass sich viele Angehörige einerseits von den Erkrankten distanziert hatten bzw. nicht kontaktierbar waren, andererseits aber auch ein großes Bedürfnis nach Aufklärung über die Erkrankung und sehr großen Leidensdruck im Umgang mit den Erkrankten aufwiesen. Zunächst zu einzelnen Beratungsterminen eingeladen, wurde schnell deutlich, dass Angehörige eine Vielzahl von Fragen an das multiprofessionelle Behandlerteam richteten. Darüber hinaus konnte häufig beobachtet werden, dass die Beziehung zwischen Patienten und ihren Angehörigen erheblich zerrüttet war, was sich in einer gegenseitigen Vorwurfshaltung und konfliktreichen Kommunikation niederschlug. Kurzum: die Einbeziehung von Angehörigen in die Behandlung erschien bei Doppeldiagnose-Patienten therapeutisch sowohl sinnvoll als auch notwendig, um die Behandlung der Patienten zu

---

1 Hier und im Folgenden wird aus Gründen der besseren Lesbarkeit nur die männliche Form benutzt, es sind jedoch ausdrücklich immer beide Geschlechter gemeint.

optimieren und den Leidensdruck der Angehörigen zu reduzieren. Um diesen Anforderungen gerecht zu werden, entschieden wir uns zu einer standardisierten Einbeziehung der Angehörigen in das bereits bestehende integrierte Behandlungsprogramm für Doppeldiagnose-Patienten.

Nach der Sichtung der Literatur wurde deutlich, dass die bis dahin publizierten Behandlungsmanuale ihren Schwerpunkt meist auf die Psychoedukation legten und weitere Problemfelder wie die emotionale Atmosphäre zwischen Erkrankten und Angehörigen unberücksichtigt ließen. Nur ein englischsprachiges Manual beinhaltete ein therapeutisches Vorgehen, bei dem Patienten und ihre Angehörigen gemeinsam an der Veränderung störungsspezifischer Problemfelder arbeiten (Mueser et al. 2003). Dieses erschien aber zu umfangreich und von zu langer Dauer, um für die Routineversorgung praktikabel zu sein (▶ Kap. 1.5). Die Konzeption einer neuen, zeitökonomischeren und damit praktikablen Intervention erschien notwendig.

Dazu wurden einzelne, in der Literatur beschriebene Elemente von Interventionen identifiziert und entsprechend ihrer Anwendbarkeit modifiziert. Das daraus entstandene Behandlungsprogramm für die Angehörigen von Doppeldiagnose-Patienten sollte

- den Bedürfnissen der Teilnehmer gerecht werden,
- flexibel, einfach zugänglich und zeitökonomisch anwendbar sein.

Es wurde entschieden, in der Intervention neben der üblichen Psychoedukation auch eine Anregung zur Selbstfürsorge für die Angehörigen anzubieten, sowie gemeinsam mit Angehörigen und Erkrankten einen Plan zur Rezidivprophylaxe zu verschriftlichen sowie Hilfen für die Verbesserung der wechselseitigen Kommunikation anzubieten. Es entstanden die vier Module

(1) Doppeldiagnose Psychose und komorbide Substanzstörung, Zusammenhänge zwischen beiden Erkrankungen und ihre Behandlungsmöglichkeiten,
(2) Einflussmöglichkeiten der Angehörigen auf die Erkrankung und Umgang mit Belastungen, die aus der Erkrankung entstehen,
(3) Rezidivprophylaxe und
(4) Kommunikationstraining.

Somit werden im hier vorgestellten Behandlungsprogramm psychoedukative, beratende und übende Verfahren miteinander kombiniert.

2.1.2 Zielgruppen

Die Familienintervention FIPA ist für Gruppen von bis zu vier Patienten mit psychotischer Störung und komorbider Substanzstörung und jeweils 1–2 Angehörigen pro Patient konzipiert. Sie kann von Ärzten, klinischen Psychologen sowie durch speziell geschulte andere Berufsgruppen durchgeführt werden, die Erfahrung in der Psychotherapie haben und sich in der Behandlung von DD-Patienten spezialisiert haben. Unter »Angehörigen« verstehen wir Familienmitglieder, Lebenspartner oder auch enge Freunde der Erkrankten, die einen positiven Einfluss auf die Behandlung und den Krankheitsverlauf haben können. Je nach Ausbildung der Gruppenleiter muss für das psychoedukative Modul ein Arzt hinzugezogen werden. Die teilnehmenden Patienten sollten idealerweise bereits an einer störungsspezifischen Behandlung teilgenommen haben bzw. aktuell in Behandlung sein, um ihrerseits ausreichend Krankheitseinsicht, Angebote zur Förderung der Abstinenzmotivation und Veränderung konsumtypischen Verhaltens neben medikamentöser Behandlung zur Verfügung zu haben.

2.1.3 Setting, Umfang, Materialien, therapeutische Grundhaltung

Das Behandlungssetting der vorliegenden Intervention ist halboffen, d. h. die Gruppen sind für die Teilnahme an einem Modul geschlossen, bei Beginn eines neuen Moduls können jedoch auch neue Angehörige bzw. Angehörige und Patienten aufgenommen werden. Dies soll ein Mindestmaß an Vertrautheit und Gruppenkohäsion ermöglichen. Eine mehrmalige Teilnahme an einzelnen oder auch allen Modulen ist möglich. Die Teilnehmer bekommen nach jeder Sitzung ein Handout ausgehändigt, in dem die wesentlichen Inhalte und Abbildungen aufgeführt sind, um das erworbene Wissen bzw. erlernte Kommunikationstechniken zu vertiefen und einen Plan zur Maßnahmenergreifung bei Rezidiven zur Hand zu haben. Kopiervorlagen der Handouts können als Online-Zusatzmaterial heruntergeladen werden (siehe Hinweis auf S. 6).

Als Durchführungsorte eignen sich geschlossene Räume mit ausreichend Sitzgelegenheiten sowie einer Tafel oder Flipchart, auf die Beiträge der Teilnehmer und Ausführungen der Gruppenleiter notiert werden können. Für die Erstellung eines Plans zum Umgang mit Rezidiven sollten den Patienten und ihren Angehörigen entsprechende Formulare und Stifte bereitgestellt werden.

Die Inhalte der Sitzungen sind auf 90–120 Minuten Dauer ausgelegt, wobei etwa in der Mitte jeder Sitzung eine kurze Pause eingeplant werden sollte. Je nach Symptomausprägung und individuellen Voraussetzungen der Erkrankten sollten auch ggfs. mehrere Pausen eingeplant werden.

Die Gruppenleiter sollten sich darum bemühen, in ständiger Interaktion mit den Patienten und Angehörigen zu sein und eine vorurteilsfreie, offen-wertschätzende Atmosphäre zwischen den Teilnehmern herzustellen, die alle Teilnehmer dazu ermutigen soll, offen zu kommunizieren und Fragen zu stellen. Zu Beginn der Intervention sollte vereinbart werden, dass gegenseitiges Stillschweigen über das Gesprochene eingehalten wird.

2.1.4 Aufbau und Inhalte der Intervention im Überblick

Die hier beschriebene Angehörigenintervention FIPA besteht aus vier Modulen (► Abb. 2.1):

Modul 1 dient der Wissensvermittlung über die psychotische Störung, substanzbezogene Störungen und gegenwärtige Erklärungsmodelle über mögliche Zusammenhänge zwischen Psychosen und substanzbezogenen Störungen, sowie deren integrierte Behandlung. Das Modul umfasst drei Sitzungen und wird ausschließlich mit den Angehörigen durchgeführt. Indem die Angehörigen ein möglichst fundiertes Wissen erwerben, soll ihnen ermöglicht werden, adäquat mit den erkrankten Familienmitgliedern und den Folgen der Erkrankung umzugehen.

Modul 2 ist ebenfalls ausschließlich an die Angehörigen gerichtet und soll die Angehörigen einerseits auf das Kommunikationstraining vorbereiten und andererseits auch den Leidensdruck und die häufig vorhandene depressive Symptomatik reduzieren, in dem sie angeregt werden, Selbstfürsorge zu betreiben und die subjektive Lebensqualität zu verbessern. Es umfasst 2 Sitzungen.

Die Module 3 und 4 (Rezidivprophylaxe und Kommunikationstraining) richten sich an Angehörige und die Patienten *gemeinsam*: aufgrund theoretischer Erwägungen wie auch praktischer Erfahrungen in der Behandlung erscheint es sinnvoll, dass die Erkrankten bei der Erstellung eines Plans für den Umgang mit psychotischen Rezidiven und drohenden Rückfällen in den Substanzkonsum unterstützt werden von Personen, die die Erkrankten sehr gut kennen und frühzeitig – manchmal auch vor den Erkrankten selbst – Warnsignale für einen ungünstigen Krankheitsverlauf bemerken und sich darüber mit den Erkrankten austauschen. Für eine Verbesserung der emotionalen Atmosphäre zwischen Erkrankten und Angehörigen liegt auf der Hand, dass hier *beide Seiten gemeinsam* an ihren Kommunikationsfertigkeiten arbeiten müssen, da bei möglichen Konflikten transaktionale Prozesse am Werk sind. Die Module können in der oben genannten Reihenfolge, aber auch in unterschiedlicher Reihenfolge durchgeführt werden, es empfiehlt sich aber ein Beginn mit Modul 1, damit die Angehörigen bereits über ein relevantes Wissen verfügen, bevor sie sich mit den weiteren Aspekten ihrer Rolle auseinandersetzen.

Während in den USA und Großbritannien einzelne Publikationen gemeinsame Interventionen für Angehörige und Patienten beschrieben (Addington 2003, Mueser & Fox 2002), stellt im deutschsprachigen Raum eine Intervention für Angehörige von Doppeldiagnosepatienten mit Psychose und substanzbezogener Störung, die die Patienten mit einbezieht, ein Novum dar.

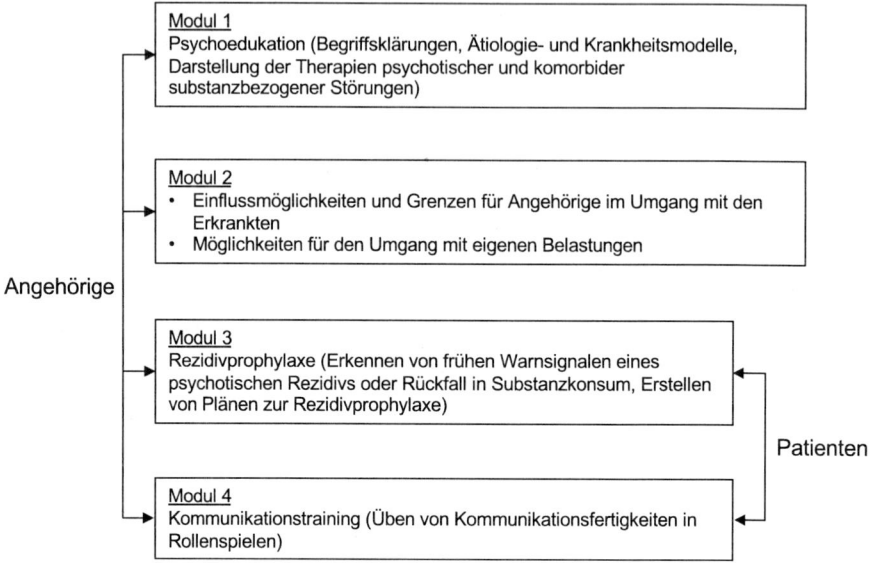

Abb. 2.1: Schematische Darstellung der Zuweisung der Teilnehmer zu den Behandlungsmodulen

2.2 Die Module

2.2.1 Modul (1): Doppeldiagnose Psychose und komorbide Substanzstörung, Zusammenhänge zwischen beiden Erkrankungen und Behandlungsmöglichkeiten (drei Sitzungen)

Modul 1 beinhaltet Psychoedukation über beide Erkrankungen und ihre möglichen Zusammenhänge, darüber hinaus Informationen über verschiedene Krankheitsverläufe und die Behandlung von Doppeldiagnosen. Es besteht aus drei Sitzungen. Sitzung 1 dient der Vermittlung von Basiswissen über Psychosen und Doppeldiagnosen, diagnostischen Kriterien, psychotischen Symptomen und typischen Krankheitsverläufen. Sitzung 2 befasst sich mit der psychotropen Wirkung geläufiger Suchtstoffe und stellt verschiedene Ätiologie-Modelle für die Entstehung von Doppeldiagnosen vor. In Sitzung 3 werden antipsychotische Medikamente und ihre Wirkung sowie die psychotherapeutische Behandlung von Doppeldiagnosen vorgestellt.

2.2.1.1 Sitzung 1: Begriffsklärungen, Symptome von Psychosen und Krankheitsverläufe

Therapeut und Angehörige stellen sich gegenseitig vor. Dann erläutert der Therapeut, worum es in der Angehörigenintervention geht:

> »In diesem Modul sprechen wir über Psychosen, Drogenkonsum und mögliche Zusammenhänge zwischen beiden Erkrankungen. Dabei sollen Sie heute erfahren, was man unter Doppeldiagnosen versteht, welche verschiedenen Formen von Psychosen es gibt, welche Symptome bei Psychosen auftreten können, was die Ursachen sein können und wie die Krankheit verlaufen kann. In der folgenden Sitzung beschäftigen wir uns dann mit relevanten abhängigkeitserzeugenden Substanzen, ihren kurz- und langfristigen Auswirkungen sowie gängigen Störungsmodellen zu Zusammenhängen zwischen Psychosen und dem Substanzkonsum. In der dritten Sitzung dieses Moduls beschäftigen wir uns dann mit der medikamentösen und psychotherapeutischen Behandlung von Doppeldiagnosen.«

Die Angehörigen erfahren durch den Gruppenleiter Wertschätzung für ihre Teilnahme, ihre erlebte Belastung wird validiert. Es wird verdeutlicht, dass es um Wissenserwerb und die Anregung eines funktionalen Umgangs mit der Erkrankung gehen wird und nicht um Schuldzuweisungen oder die Zuschreibung von Verantwortlichkeiten. Die Angehörigen werden motiviert, sich aktiv an der Sitzung zu beteiligen, die Sitzung soll nicht wie ein Frontalunterricht durchgeführt werden. Nachdem mögliche Fragen zu Terminen, Sitzungsdauer, Sitzungsanzahl und -frequenz beantwortet worden sind, wird gegenseitige Verschwiegenheit vereinbart.

Dann werden die Angehörigen über ihre Vorstellung von Doppeldiagnosen befragt, die fachliche Definition wird erläutert: neben einer substanzbedingten Störung (schädlicher Gebrauch oder Abhängigkeit von Suchtmitteln) liegt eine weitere psychische Störung vor. Dies können beispielsweise affektive Störungen, Angststörungen, Psychosen oder Persönlichkeitsstörungen sein, eine Vielzahl möglicher Kombinationen ist hier möglich. Es wird darauf hingewiesen, dass wir uns in dieser Gruppe thematisch ausschließlich mit der Doppeldiagnose »schädlicher Gebrauch von Substanzen/Abhängigkeit und Psychose« beschäftigen. Es wird über Prävalenzraten informiert: dass ca. die Hälfte aller Menschen mit Psychose während ihres Lebens einen schädlichen Gebrauch oder eine Abhängigkeit von Suchtmitteln entwickeln, dass diese Form der »Doppeldiagnose« also überzufällig häufig vorkommt.

Dann wird der Psychosebegriff erläutert. »Psychose« wird hier als Oberbegriff für Erkrankungen definiert, bei der das Denken, die Gefühle, das Verhalten, die Wahrnehmung und das Ich-Erleben derart verändert sind, dass der Bezug zur Realität teilweise oder vollständig aufgehoben sein kann. Anhand eines Schaubilds, das der Gruppenleiter auf der Flipchart skizziert, werden Psychosen nach ihrer Genese in exogene und endogene Psychosen unterteilt, dabei wird speziell auf »drogeninduzierte Psychosen« und »schizophrene Psychosen« aufgrund ihrer Relevanz für die durchgeführte Intervention eingegangen (▶ Abb. 2.2). Es wird darauf hingewiesen, dass in den Sitzungen zur Vereinfachung der Psychosebegriff und die Schizophrenie im Sinne von »schizophrenen Psychosen« synonym verwendet werden.

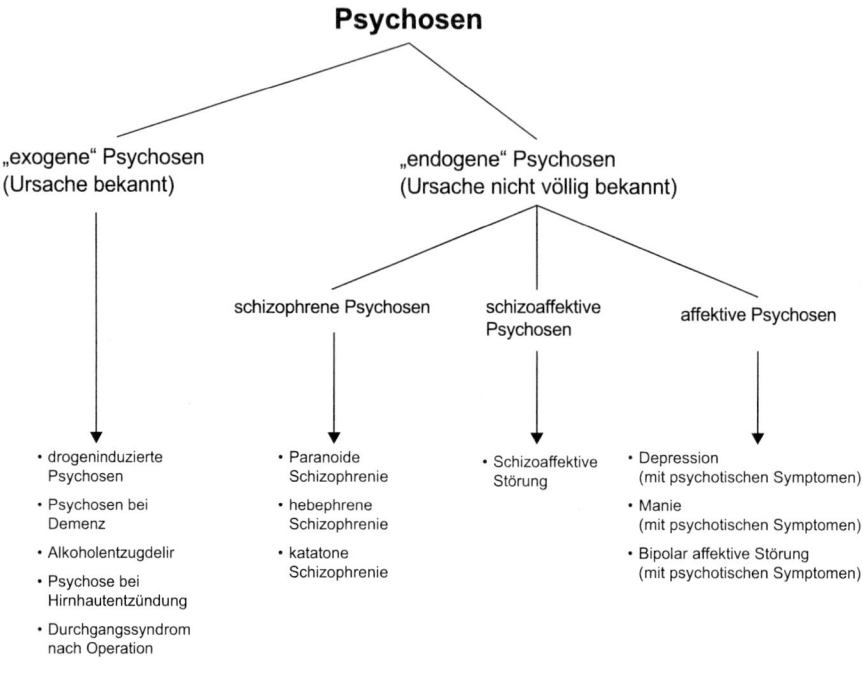

Abb. 2.2: Schaubild zur Einteilung von Psychosen

In einem nächsten Schritt werden die Teilnehmer nach ihren Erfahrungen mit psychotischen Symptomen bei ihren erkrankten Familienmitgliedern befragt. Sie werden dazu motiviert, die *beobachtbaren* und von den Psychoseerkrankten *berichteten Veränderungen* mitzuteilen:

»Sie als Angehörige der Erkrankten bekommen psychische Veränderungen, die durch die psychotische Erkrankung hervorgerufen werden, in der Regel sehr schnell mit, vor allem wenn Sie mit den Erkrankten zusammenleben. Ich möchte Sie bitten, die von Ihnen beobachteten Veränderungen zu benennen, wir werden dann versuchen, Ihre Beiträge in verschiedene Kategorien einzuordnen.«

Tabellarisch werden die Beiträge als psychotische Symptome in fünf Spalten mit folgenden Überschriften gesammelt:

- Veränderungen im Denken,
- Veränderung der Gefühle,
- Veränderungen im Verhalten,
- Veränderungen der Wahrnehmung,
- Veränderungen des Ich-Erlebens.

Hierzu sollten die im psychopathologischen Befund verwendeten Fachtermini vom Gruppenleiter benutzt werden und bei Bedarf oder Nachfragen genauer erläutert werden. Die Erfahrung zeigt, dass die Angehörigen sehr dankbar für diese »Übersetzung« bereits häufig vernommener Fachbegriffe sind und ihrerseits dann weitere Beispiele anbringen und Fragen stellen. Eine exemplarische Darstellung finden Sie in Tabelle 2.1.

Tab. 2.1: Ebenen beobachtbarer und von Erkrankten berichteter psychosebedingter Veränderungen

Veränderungen im Denken	Veränderung der Gefühle	Veränderungen im Verhalten	Veränderungen der Wahrnehmung	Veränderungen des Ich-Erlebens
• Formalgedankliche Störungen wie z. B. ein verlangsamter Gedankengang • Inhaltliche Denkstörungen wie z. B. Verfolgungsideen • kognitive Störungen wie z. B. verminderte Konzentration	Gefühle werden intensiver/schwächer/schwankend erlebt, Niedergeschlagenheit, starke Ängste, Verzweiflung, innere Unruhe, Getriebenheit	rückzügiges Verhalten, Schlafstörungen, Verlust von Fähigkeiten, erhöhte Aktivität, bizarres Verhalten	• Dinge hören, die nicht da sind (am häufigsten), z. B. Stimmen • Dinge sehen, die nicht da sind, Personen verkennen, • etwas riechen oder schmecken, was andere nicht riechen können, • man fühlt körperliche Veränderungen, die nicht da sind	• Gedanken können entzogen oder von außen eingegeben werden, • Grenzen zwischen sich und der Außenwelt verschwimmen, • der Körper wird als durchlässig erlebt • Gefühl, dass man manipuliert wird

In der Regel ist zu diesem Zeitpunkt der Sitzung eine günstige Gelegenheit für eine kurze Pause.

Nach der Pause werden die in der Tabelle gesammelten Symptome in psychotische *Positiv- und Negativsymptome* eingeteilt. Die Angehörigen werden zur Einschätzung angeregt, ob bei den gesammelten Veränderungen *etwas hinzukommt* oder etwas *abnimmt bzw. verschwindet*, wobei der Gruppenleiter die Teilnehmer dabei unterstützt und ggfs. korrigiert:

> »Psychotische Positiv- oder Negativsymptome sind keineswegs *gute* oder *schlechte* Symptome, sondern stellen ein *mehr* oder *weniger* des sonst üblichen Erlebens und Verhaltens dar. Wenn jemand z. B. Dinge hört, die nicht existieren, dann handelt es sich um ein psychotisches Positivsymptom. Demgegenüber wäre ein Rückgang der affektiven Schwingungsfähigkeit ein *weniger* des sonst üblichen Verhaltens und somit ein *psychotisches Negativsymptom*. Man kann diese Symptome auch *Plus-* und *Minussymptome* nennen, das macht es vielleicht besser nachvollziehbar. Wir wollen nun gemeinsam versuchen, die in der Tabelle gesammelten Veränderungen in Positiv- und Negativsymptome einzuteilen. Dazu werden wir hinter die Positivsymptome

ein + machen, hinter die Negativsymptome ein −. Die Einteilung in Positiv- und Negativsymptome wird in der nächsten Sitzung von Bedeutung sein, wenn wir über mögliche Zusammenhänge zwischen Psychosen und Drogenkonsum sprechen.«

Nun kann zur Darstellung eines exemplarischen Krankheitsverlaufs übergeleitet werden. Dieser wird auf eine weitere Flipchart gezeichnet und die Prodromalphase, Akutphase und Remission markiert (▶ Abb. 2.3). Die Teilnehmer sollen erfahren, dass die Erkennung der psychotischen Negativsymptomatik und deren Abgrenzung von z. B. einer Depression oder Nebenwirkung von Medikamenten auch erfahrenen Klinikern manchmal nicht leicht fällt und sich meist erst aus der Beobachtung des Krankheitsverlaufs ergibt; darüber hinaus wird darauf hingewiesen, dass auf die Akutphase häufig eine länger anhaltende psychotische Negativsymptomatik folgt und dies eine große Herausforderung an die Erkrankten hinsichtlich ihrer Abstinenzbemühungen und die Medikamentencompliance darstellt. Die Flipchart mit der Tabelle wird für die Folgesitzung aufbewahrt. Es folgt der Abschluss von Sitzung 1, in dem den Teilnehmern Raum für Fragen gegeben wird und die zur Sitzung gehörenden Handzettel (Handzettel 1 bis 3) ausgeteilt werden.

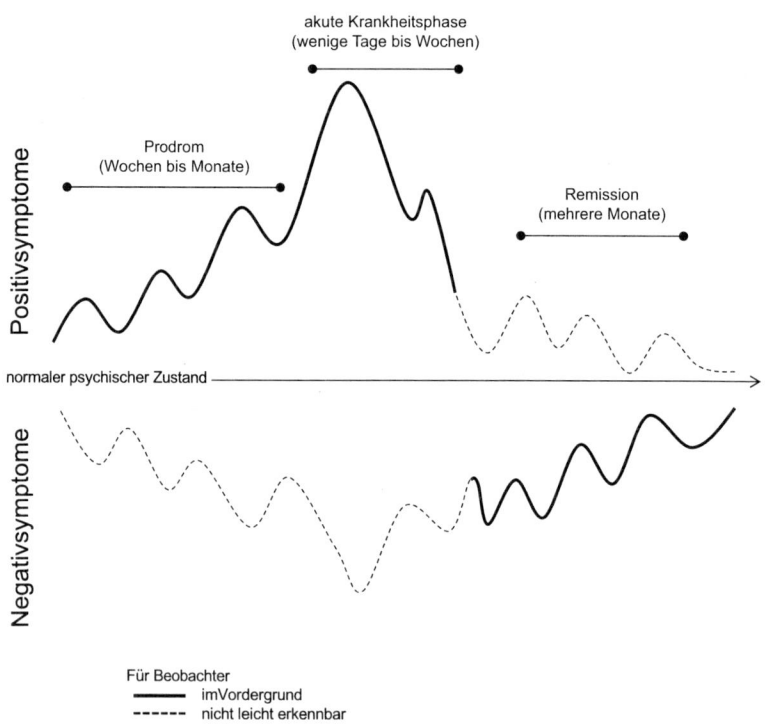

Abb. 2.3: Exemplarischer Krankheitsverlauf einer schizophrenen Psychose (modifiziert nach Behrendt 2004)

2.2 Die Module

2.2.1.2 Sitzung 2: Psychotrope Wirkung von Suchtmitteln, mögliche Zusammenhänge zwischen Psychose und substanzbedingten Störungen

Zu Beginn der Sitzung werden die teilnehmenden Angehörigen nach ihrem Wissen über – möglicherweise auch eigenen Erfahrungen mit – Suchtmitteln befragt:

>»Wir werden in der heutigen Sitzung über verschiedene Suchtmittel und ihre Wirkungen sprechen. Wir werden dann versuchen, verschiedene und häufig konsumierte Substanzen nach ihrer Hauptwirkung zu kategorisieren, wobei Zwischenpositionen möglich sind. Welche legalen und illegalen Substanzen kennen Sie und was wissen Sie bereits über deren Wirkung?«

Der Gruppenleiter zeichnet nun auf eine Flipchart ein Dreieck, dessen Ecken als Pole der Hauptwirkung von sucherzeugenden Substanzen beschriftet werden: *beruhigend, aktivierend* und *bewusstseinsverändernd*. Die gebräuchlichsten Substanzen, in der Regel Cannabis, Alkohol, Amphetamine, Kokain, Ecstasy sowie verschiedene Opioide und Halluzinogene, werden entsprechend ihrer Hauptwirkung an den drei Polen des Dreiecks sowie auf Zwischenpositionen angeordnet (► Abb. 2.4).

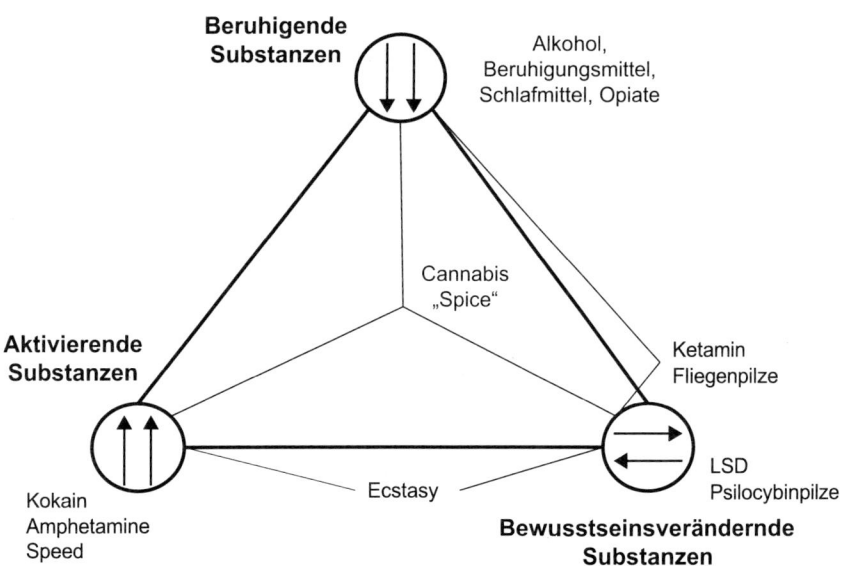

Abb. 2.4: Psychische Wirkungen von Suchtmitteln (modifiziert nach Gouzoulis-Mayfrank 2007, S. 80)

Dann wird auf mögliche Zusammenhänge zwischen den Suchtmitteln und Psychosen eingegangen. Es wird begonnen mit dem *Modell der Psychoseinduktion*: Dazu werden acht Säulen auf die Flipchart gezeichnet, die acht Menschen mit ihrer individuellen Veranlagung (Vulnerabilität) für die Entwicklung einer psychotischen Störung repräsentieren (▶ Abb. 2.5). Über den Balken wird eine Linie eingetragen, die die Schwelle für die Entwicklung von Psychosen darstellt. Anhand dieser Darstellung soll den Angehörigen verdeutlicht werden, dass drogeninduzierte Psychosen bei geringer bis mittelgradiger Vulnerabilität unter Drogen, insbesondere Cannabis und Stimulanzien, und/oder Stress ausgelöst werden können; ebenso soll dargestellt werden, dass schizophrene Psychosen bei Personen mit hoher Vulnerabilität angestoßen werden können, die sich sonst vermutlich zu einem späteren Zeitpunkt auch ohne Drogeneinfluss, z. B. unter Stress, manifestiert hätten. Dazu werden den acht Säulen der Einfluss von Stress und Drogen als »On-top-Säulen« hinzugefügt. Der Therapeut erläutert während der Zeichnung der Säulen das Psychoseinduktionsmodell:

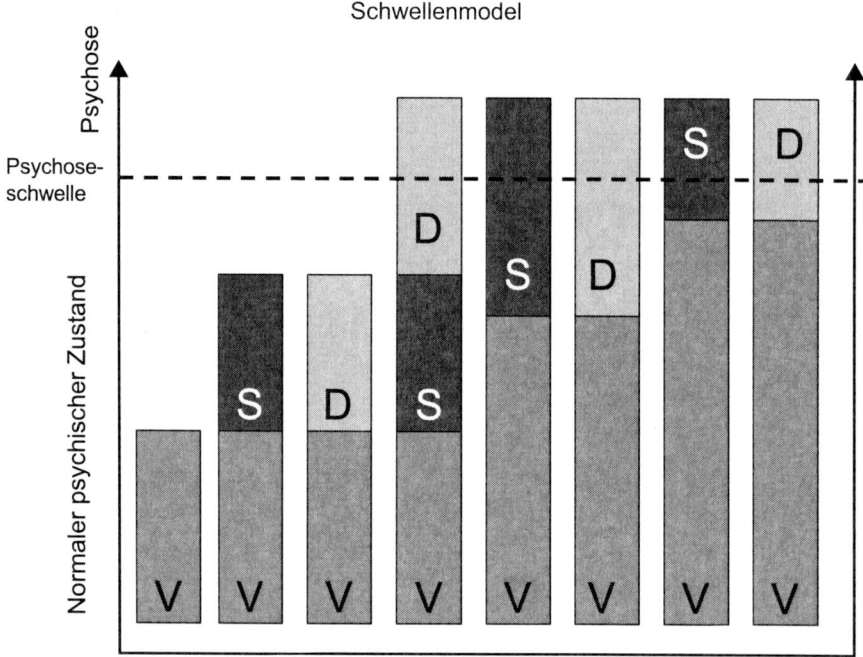

Abb. 2.5: Vulnerabilitäts-Stress-Modell erweitert um den Einfluss von Drogen (modifiziert nach Gouzoulis-Mayfrank 2007, S. 92)
V = Vulnerabilität/Veranlagung, **S** = Stress/psychische Belastung, **D** = Drogen

»Sie sehen hier acht Säulen unterschiedlicher Größe; sie stellen Menschen mit ihrer jeweiligen Veranlagung für die Entwicklung psychotischer Störungen dar. Man spricht bei der Veranlagung auch von *Vulnerabilität*. Die ersten vier Säulen sind im Vergleich zu den anderen Säulen eher klein und weiter entfernt von der Psychoseschwelle als die anderen Säulen, d. h. dass diese ersten vier Menschen eine geringe Veranlagung für die Entwicklung einer Psychose haben. Was passiert nun aber, wenn diese Personen Stress und Drogen ausgesetzt werden? Stress und Drogen führen dazu, dass die Wahrscheinlichkeit ansteigt, eine psychotische Störung zu entwickeln. So kann es passieren, dass selbst Personen mit geringer Veranlagung unter dem Einfluss von Stress und Drogen eine kurze psychotische Episode entwickeln, die dann aber rasch wieder abklingt, wenn die Personen keine Drogen mehr konsumieren.

Im Vergleich dazu haben die beiden letzten Personen ganz rechts eine sehr hohe Veranlagung für die Entwicklung von Psychosen, bei ihnen reichen bereits geringe Mengen an psychischer Belastung oder ein geringer Drogenkonsum für die Entwicklung psychotischer Störungen aus. Im Falle einer Doppeldiagnose ist es denkbar, dass diese Menschen auch ohne den Konsum von Drogen in ihrem Leben irgendwann eine Psychose entwickelt hätten, aber das kann niemand genau sagen. Diese Personen werden aber vermutlich über ihr gesamtes Leben abstinent von Drogen sein und längerfristig antipsychotische Medikamente einnehmen müssen, um weitgehend frei von psychotischen Symptomen zu sein.

Die Personen in der Mitte weisen eine mittelhohe Veranlagung auf, sie werden nicht so rasch Psychosen entwickeln wie die zwei Personen rechts daneben, aber auch sie werden in Zeiten stärkerer psychischer Belastung oder stärkeren Drogenkonsums wahrscheinlich Psychosen entwickeln.

Nach dem Modell der Psychoseinduktion brechen die Psychosen unter Drogenkonsum in jungen Erwachsenenjahren aus, wenn Menschen mit erhöhter Veranlagung für die Entwicklung von Psychosen mit Drogen experimentieren. Die nicht-vulnerable große Mehrheit wird diese Zeit ohne die Entwicklung von Psychosen überstehen (wobei natürlich andere drogenspezifische Probleme entstehen können, z. B. das amotivationale Syndrom durch Cannabiskonsum). Vielleicht hätten die Vulnerablen in jungen Lebensjahren ohne Drogenkonsum nie eine Psychose entwickelt. Es ist aber auch möglich, dass sie vielleicht unter psychischer Belastung zu einem späteren Zeitpunkt doch eine Psychose entwickelt hätten, das kann niemand sicher sagen. Man kann nur sicher sagen, dass bei Menschen mit hoher Veranlagung für Psychosen Drogenkonsum im jungen Lebensalter den Ausbruch von Psychosen beschleunigt.

Wie hoch die individuelle Veranlagung für die Entwicklung von Psychosen bei jedem Einzelnen ist, weiß man vor Ausbruch der Erkrankung nicht. Man kann nur über ein erhöhtes Vorkommen psychotischer Störungen in der Herkunftsfamilie abschätzen, dass bei diesen Personen im Vergleich zur Allgemeinbevölkerung ein erblich erhöhtes Risiko vorliegt – andererseits ist die Abwesenheit psychotischer Störungen in der Herkunftsfamilie keine Sicherheit dafür, nicht doch eine hohe Vulnerabilität für Psychosen zu haben. Wenn jemand aber nach einer ersten akutpsychotischen Episode unter Drogenkonsum nach deren Abklingen weiter Drogen konsumiert, ist die Wahrscheinlichkeit, dass er oder sie eine erneute psychotische Episode entwickeln wird, im Vergleich zu der Zeit vor der ersten Episode erhöht, d. h. die Person wird wahrscheinlich rasch eine weitere akute Krankheitsepisode erleiden. Fortgesetzter Drogenkonsum kann in Verbin-

> dung mit Psychosen also dazu führen, dass die Erkrankten häufiger in Krankenhäusern behandelt werden müssen, mehr Medikamente und über einen längeren Zeitraum einnehmen müssen (als Psychosekranke ohne Drogenkonsum).«

Etwa an dieser Stelle sollte eine kurze Pause gemacht werden.

Um im Anschluss die *Selbstmedikationshypothese* als weitere mögliche Wirkrichtung zwischen Psychosen und Suchtmitteln darzulegen, greift der Gruppenleiter auf die Übersicht der vergangenen Sitzung zu psychotischen Positiv- und Negativsymptomen zurück. Wichtig ist hier, noch einmal auf das mit den Krankheitssymptomen einhergehende Leid der Erkrankten hinzuweisen. Nun werden die zuvor erarbeiteten Wirkungen von Suchtstoffen (▶ Abb. 2.4) in Beziehung zu den Positiv- und Negativsymptomen gebracht:

> »Um Ihnen die Selbstmedikationshypothese zu erläutern, schauen wir noch einmal auf die in der vergangenen Sitzung zusammengetragenen Positiv- und Negativsymptome von Psychosen. Wenn Sie nun die Hauptwirkung verschiedener Substanzen betrachten, was glauben Sie: sind bestimmte Kombinationen konsumierter Substanzen mit psychotischen Symptomen wahrscheinlicher als andere?«

Es wird auf Alltagsbeispiele hingewiesen, die auch evtl. schon die nichterkrankten Angehörigen von sich kennen (z. B. Alkoholkonsum bei Schlafstörungen). Die Teilnehmer sollen ein Verständnis dafür entwickeln, dass die Erkrankten die Drogen häufig dazu einsetzen, Alltagsbeschwerden zu bekämpfen oder die Symptome der Psychose zu lindern. Wichtig ist hier auch die Verdeutlichung, dass der Substanzkonsum *kurzfristig* Symptome lindern kann, *langfristig* jedoch die Symptome aufrechterhalten bzw. zunehmen werden. Dann werden die Ätiologiemodelle zueinander in Beziehung gesetzt:

> »Die Vorstellung der Psychoseinduktion durch Drogen und die Vorstellung der Selbstmedikation mit Drogen schließen sich nicht gegenseitig aus, meist ist nach Erstmanifestation einer Psychose bei gleichzeitigem Drogenkonsum nicht sicher festzustellen, ob die Psychose drogeninduziert war oder ob die Psychose zum Konsum von Drogen als Selbstmedikation geführt hat (Henne-Ei-Problem). Beide Wirkrichtungen können genausogut gleichzeitig bestehen oder sich im Krankheitsverlauf abwechseln, man spricht dann vom bidirektionalen Modell. Es gibt aktuelle Forschungsbefunde, die das bidirektionale Modell stützen.«

Auf das *Modell der gemeinsamen ätiologischen Faktoren* wird nicht tiefer eingegangen, weil die Relevanz hinsichtlich therapeutischer Strategien begrenzt ist; es sollte jedoch auf Nachfrage erläutert werden können.

Zum Abschluss der Sitzung sollten die Teilnehmer ausreichend Möglichkeit haben, Fragen zu stellen. Die Angehörigen bekommen die zur Sitzung gehörenden Handzettel (Handzettel 4 bis 6) ausgehändigt.

2.2.1.3 Sitzung 3: Medikamentöse und verhaltenstherapeutische Behandlung von Psychosen mit komorbider Substanzstörung

Ggfs. sollte für diese Sitzung je nach Wissen der Gruppenleiter (zumindest für den Teil der medikamentösen Behandlung) eine Ärztin bzw. ein Arzt hinzugezogen werden.

Zu Beginn der dritten Sitzung wird die *Dopamin-Hypothese* vorgestellt. Der Gruppenleiter erklärt, dass die in Sitzung 1 beschriebenen Symptome in Verbindung mit einer gestörten Signalübertragung im Gehirn in Verbindung gebracht werden. Dazu werden Synapsen und die Signalweiterleitung auf die Flipchart gezeichnet (▶ Abb. 2.6). Während der Zeichnungen führt der Gruppenleiter aus:

»Sie sehen hier eine Synapse, d. h. eine Kontaktstelle zwischen zwei Nervenzellen. Davon gibt es viele Millionen in unserem Zentralnervensystem. Elektrische Impulse, die in der Synapse ankommen, müssen in chemische Botenstoffe überführt werden, um einen Spalt zwischen dem Endknöpfchen der einen und der Membran der zweiten Nervenzelle zu überwinden. Der chemische Botenstoff dockt an der Membran der zweiten Nervenzelle an eigens dafür vorgesehenen Rezeptoren, d. h. Andockstellen an, dann kann die zweite Nervenzelle den elektrischen Impuls weiterleiten. Einer der chemischen Botenstoffe in unserem Zentralnervensystem ist das Dopamin. Man schreibt dem Dopamin eine zentrale Rolle bei der Entstehung von Psychosen zu. Etwas vereinfacht kann man sich das so vorstellen, dass bei akuten Psychosen bei vielen dopaminergen Synapsen, also Synapsen an denen Dopamin als Botenstoff fungiert, zu viel Dopamin im synaptischen Spalt ist. Es werden also mehr Informationen weitergeleitet, als das Gehirn verarbeiten kann; das Gehirn ist gewissermaßen einer Reizüberflutung ausgesetzt (hier können auch zur besseren Veranschaulichung bildhafte Beispiele wie ein Flaschenhals verwendet werden, der unnötige Reize nicht durchlässt und sich bei der akuten Psychose öffnet, so dass viele irrelevante Reize ungefiltert durchgelassen werden). Man nimmt an, dass diese Reizüberflutung des Gehirns für die Entstehung von Halluzinationen wie Stimmenhören oder Verfolgungserleben verantwortlich ist. Durch den Einsatz antipsychotischer Medikamente wird die übermäßige Dopaminausschüttung wieder heruntergeregelt, indem die Dopaminrezeptoren blockiert werden.«

Es sollte darauf hingewiesen werden, dass dies eine sehr vereinfachte Darstellung der Vorgänge bei Psychosen ist und dass der Stoffwechsel auch bezüglich weiterer Botenstoffe im Gehirn gestört ist.

Die Angehörigen werden im Folgenden gefragt, ob sie bereits Namen antipsychotischer Medikamente und deren Verabreichungsformen kennen. Von den Teilnehmern genannte Antipsychotika werden auf einer weiteren Flipchart in folgenden Spalten angeordnet: hochpotente/mittelpotente, niedrigpotente, atypische Neuroleptika und antipsychotische Depot-Präparate. Der Gruppenleiter ergänzt bei Bedarf die Spalten, um gebräuchliche Wirkstoffe, die von den Teilnehmern nicht genannt oder ihnen unbekannt sind, so dass häufig verwendete Neuroleptika in den Spalten zu finden sind (z. B. Haloperidol, Risperidon, Clozapin, Quetiapin, Olanzapin, Xeplion, Promethazin usw., ▶ Tab. 2.2). Anhand der Spalteneinteilung werden verschiedene

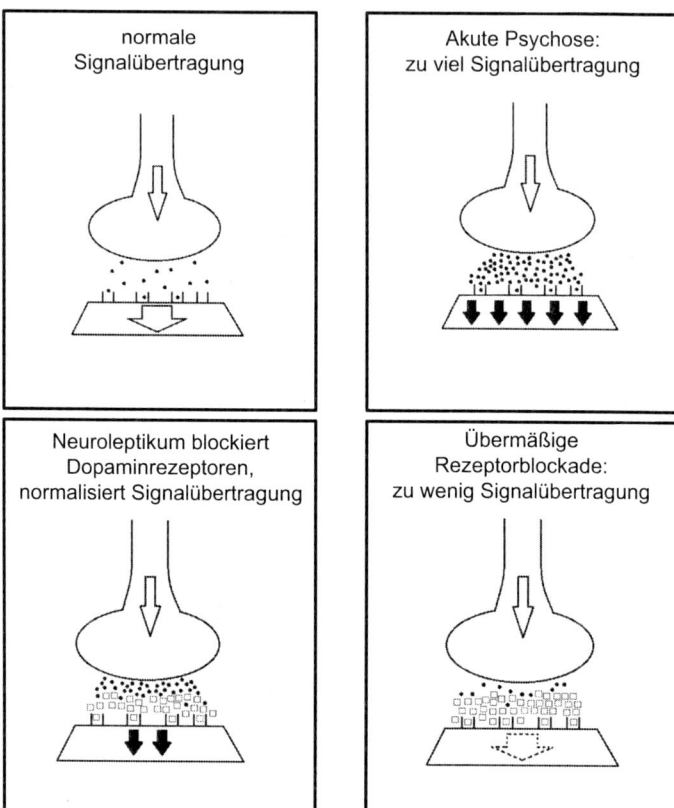

Abb. 2.6: Signalübertragung an dopaminergen Synapsen

Wirkungen/Nebenwirkungen sowie Vor- und Nachteile der verschiedenen Verabreichungsformen erläutert:

»Nachdem wir verschiedene antipsychotische Medikamente gesammelt haben, wollen wir uns mit den gewünschten Wirkungen und unerwünschten Nebenwirkungen beschäftigen. Die hochpotenten, sogenannten typischen Neuroleptika wirken sehr gut und verlässlich gegen psychotische Positivsymptome, können aber auch unangenehme Nebenwirkungen verursachen (z. B. Muskelsteifigkeit, Krämpfe oder eine psychomotorische Unruhe), und viele Patienten fühlen sich darunter unwohl. Die typischen Neuroleptika werden daher in der Regel nur in Akutphasen und möglichst nur vorübergehend verordnet, falls die akute Symptomatik unter neueren, sogenannten atypischen Antipsychotika nicht zurückgeht. Diese atypischen Antipsychotika haben seltener die Nebenwirkungen der typischen Neuroleptika, dafür verursachen sie aber z. T. andere Probleme wie Gewichtszunahme, erhöhten Speichelfluss oder Verdauungsprobleme. Sie wirken in der Regel besser gegen psychotische Negativsymptome als die typischen Neuroleptika und sind heutzutage erste Wahl bei der Behandlung von Psychosepatienten. Die niedrigpotenten Neuroleptika werden aufgrund ihrer vorrangig sedierenden Wirkung als Alternative zu beruhigenden, aber häufig abhängigkeitserzeugenden Mitteln wie Benzodiazepinen verordnet. Sie haben gleichzeitig nur eine sehr geringe, antipsychotische Wirksamkeit.«

Tab. 2.2: Beispiel für eine Einteilung von Antipsychotika nach ihrer Wirkpotenz und gängigen Depot-Präparaten

hochpotent/mittelpotent	niedrigpotent	atypisch	Depots
• Haloperidol • Benperidol • Zuclopenthixol	• Promethazin • Melperon • Pipamperon	• Risperidon • Clozapin • Olanzapin • Quetiapin • Aripiprazol	• Xeplion • Risperdal consta • Abilify maintena

Dann werden die verschiedenen Vor- und Nachteile verschiedener Verabreichungsformen aufgeführt:

»Einige antipsychotische Wirkstoffe sind als Depot-Präparate erhältlich, die als Spritzen in den Muskel verabreicht werden. Sie sollten vor allem dann in Erwägung gezogen werden, falls die regelmäßige Tabletteneinnahme wegen Vergesslichkeit oder Ambivalenz nicht gewährleistet ist. Weitere Vorteile sind neben der ausbleibenden Medikamenteneinnahme die stabilere und gleichmäßigere Verfügbarkeit des antipsychotischen Wirkstoffs und das dadurch häufig günstigere Nebenwirkungsprofil. Für akute Phasen sind einige Wirkstoffe auch als Tropfen zum Einnehmen oder als schnell wirksame Injektion in den Muskel oder die Vene verfügbar. Diese Verabreichungsformen sind jedoch nicht ohne fachlich geschultes Personal möglich und somit von den Patienten selbst zu Hause nicht umsetzbar.«

Es sollte noch darauf hingewiesen werden, dass je nach vorhandener psychotischer Symptomatik und Begleitsymptomen weitere Psychopharmaka wie Antidepressiva oder Stimmungsstabilisatoren als Ergänzung zur antipsychotischen Behandlung sinnvoll sein können. Wichtig auch der Hinweis, dass die Erkrankten nur selten ihre Medikamente nebenwirkungsfrei vertragen und dass die gewünschte Wirkung in der Regel erst zeitverzögert eintritt, während die unerwünschten Nebenwirkungen in der Regel zeitnah eintreten.

»Bei der Wahl des geeigneten Medikaments bzw. der Kombination mehrerer Medikamente müssen immer die Kosten gegen die Nutzen mit den Patienten gemeinsam abgewogen werden. In den meisten Fällen sind leider unerwünschte Nebenwirkungen in Kauf zu nehmen. Es sollte ein möglichst guter Kompromiss zwischen der gewünschten Wirkung und den unerwünschten Nebenwirkungen gefunden werden, sonst werden die behandelten Patienten verständlicherweise die verordneten antipsychotischen Medikamente ablehnen. Manchmal sind unerwünschte Nebenwirkungen nur schwer von psychotischen Symptomen zu unterscheiden, v.a. in Phasen anhaltender Negativsymptomatik, daher sollte bei einem Wirkstoffwechsel oder einem Absetzen immer ein Facharzt konsultiert werden. Basis einer antipsychotischen Behandlung ist immer die medikamentöse Behandlung, ein Großteil der Psychosekranken erleidet ohne Medikamente innerhalb eines Jahres ein Rezidiv und wird wieder stationär behandlungsbedürftig. Dabei sollten bei Erstmanifestation einer Psychose die Antipsychotika nach Abklingen der Symptome mindestens weitere zwölf Monate eingenommen und nur nach Rücksprache mit einem Psychiater ausgeschlichen werden, nach einem Rezidiv für mindestens zwei Jahre und bei mehreren Krankheitsepisoden für mindestens fünf Jahre; bei schwereren Verläufen kann auch eine Einnahme auf unbestimmte Zeit indiziert sein.«

An dieser Stelle ist ein guter Zeitpunkt für eine kurze Pause.

Nach der Pause wird auf die psychotherapeutische Behandlung von Doppeldiagnosen eingegangen. Dazu stellt der Therapeut die Elemente der psychosozialen Therapie von Doppeldiagnosen vor (▶ Kap. 1.3.1):

»Medikamente sind wichtig, aber sie sind nicht alles! Wichtig ist auch die psychotherapeutische Behandlung von Menschen mit einer Doppeldiagnose. Sie umfasst mehrere Elemente: die Förderung der Abstinenzmotivation, Informationsvermittlung über die Erkrankung, das Trainieren des Umgangs mit Suchtdruck und beginnenden psychotischen Rezidiven sowie die Unterstützung bei Verbesserung der allgemeinen Lebensführung und weiterer Problembereiche. Ich möchte Ihnen hier unser kognitiv-behaviorales therapeutisches Vorgehen verkürzt vorstellen.

Ein zentrales Element unserer Behandlung ist die motivierende Gesprächsführung. Sie zielt ab auf eine Veränderung des Konsumverhaltens hin zu einer Drogenabstinenz oder zumindest einer deutlichen Reduktion des Konsums. Dazu arbeiten wir die kurz- und langfristigen Vor- und Nachteile des Substanzkonsums mit den Patienten heraus und stellen sie jeweils gegenüber. Dazu benutzen wir z. T. ein Vier-Felder-Schema auf einer Flipchart. Unser Ziel ist, dass die Patienten erkennen, dass die langfristig negativen Folgen des Substanzkonsums auf die Gesundheit und Lebensqualität gegenüber den kurzfristig angenehmen Wirkungen überwiegen. Wir führen diese Motivationsbehandlung vorzugsweise als Gruppentherapie durch, da somit motiviertere Patienten einen günstigen Einfluss auf Erkrankte mit geringerer oder fehlender Veränderungsmotivation haben können. Wir Therapeuten haben dabei eine nicht-direktive, empathische Grundhaltung, wir vermeiden Wertungen wie *richtig* oder *falsch* oder Verurteilungen der Patienten, um keine Widerstände zu provozieren.

Ein weiteres Element ist die Psychoedukation, d. h. die Wissensvermittlung über Psychosen, komorbide Suchterkrankungen sowie die möglichen Zusammenhänge zwischen den zwei Erkrankungen; das erfolgt ganz ähnlich wie in dieser Gruppe, nur viel ausführlicher.

Darauf aufbauend vermitteln wir den Patienten in einer kognitiv-behavioralen Gruppentherapie grundlegende Fertigkeiten im Umgang mit frühen psychotischen Symptomen und Suchtdruck/Craving, sogenannte *Skills*. Sie selbst wissen vielleicht aus eigener Erfahrung, wie schwierig es ist, Verhaltensgewohnheiten oder auch Abhängigkeiten wie das Rauchen von Tabak zu beenden. Gegen den entstehenden Suchtdruck trainieren wir verschiedene Verhaltensstrategien, um den Suchtdruck zu überwinden und nicht rückfällig zu werden. Die Skills können verschiedenartig sein, z. B. Wechselduschen, Bewegung, Musik, Haushaltsaufgaben, Denksport, Gespräche mit Vertrauenspersonen oder auch tagesstrukturierende Elemente, wie zur gleichen Tageszeit morgens aufstehen und abends schlafen gehen, Hobbys/Aktivitäten über den Tag verteilt etc. Theoretisch kann alles als Skill gelten, was gegen Suchtdruck erfolgreich angewendet werden kann, einzige Voraussetzung ist, dass die Skills selbst nicht gesundheitsschädigend sind. Wir helfen unseren Patienten, dass sie nach Möglichkeit ein ganzes Repertoire an Skills entwickeln, um auf verschiedenartige Situationen vorbereitet zu sein, in denen Suchtdruck auftreten könnte. Neben einem Skillstraining beinhaltet die kognitiv-behaviorale Gruppentherapie noch weitere Behandlungsmodule. Z.B. helfen wir den Patienten dabei, Versuchungssituationen für mögliche Rückfälle zu identifizieren und sich in diesen Situationen sicher abgrenzen zu können.«

Eine Übersicht zu abstinenzbezogenen Skills liefert Tabelle 2.3 (▶ Tab. 2.3). Zum Sitzungsabschluss wird den Angehörigen Raum für offene Fragen gegeben. Anschließend werden die zur Sitzung gehörenden Handzettel (Handzettel 7 bis 11) ausgehändigt.

Tab. 2.3: Beispiele für abstinenzbezogene Skills

Bei Stress/Suchtdruck in Gesellschaft	Bei Stress/Suchtdruck alleine zu Hause
Kritische Situation verlassen	Sport, z. B. Liegestütze
Eine Runde um den Block laufen	Jemanden anrufen
Mit Leuten solidarisieren, die nicht konsumieren	Leute treffen, die nicht konsumieren
Über den akuten Suchtdruck sprechen	Positive Erlebnisse mit Drogen hinterfragen

2.2.2 Modul (2): Einflussmöglichkeiten der Angehörigen auf die Erkrankung und Umgang mit Belastungen, die aus der Erkrankung entstehen (2 Sitzungen)

Dieses Modul hat zum Ziel, Angehörigen ihre Möglichkeiten und Grenzen im Umgang mit dem erkrankten Familienmitglied aufzuzeigen sowie sie hinsichtlich eigener Bewältigungsmöglichkeiten zur Reduktion der erlebten psychischen Belastung zu beraten. Das Modul 2 umfasst zwei Sitzungen: Ziel von Sitzung 1 ist die Erweiterung und Flexibilisierung des Coping-Repertoires auf Angehörigenseite sowie die Vermittlung von Informationen über negative Auswirkungen von High-EE auf den Krankheitsverlauf. In Sitzung 2 werden Angehörige zu mehr Selbstfürsorge motiviert, damit soll ein Ausgleich für die in der Regel hohe psychische Belastung geschaffen werden, die mit der Erkrankung des Familienmitglieds einhergeht.

2.2.2.1 Sitzung 1: Einflussmöglichkeiten der Angehörigen auf die Erkrankung

Sitzung 1 soll den Angehörigen Möglichkeiten der Einflussnahme auf den Krankheitsverlauf vermitteln, aber auch Grenzen aufzeigen. Die Teilnehmer sollen mögliche eigene dysfunktionale Reaktionen auf Krankheitssymptome des Familienmitglieds erkennen und hinterfragen, um diese günstigenfalls in Richtung eines wenig kritisierenden, unterstützenden und emotional nicht überengagierten Kommunikationsstils zu verändern. Es sollen bereits vorhandene Coping-Strategien bewusst gemacht und das Repertoire an Bewältigungsstrategien erweitert und flexibilisiert werden. Zur Vorbereitung auf das Kommunikationstraining soll auf die positiven Effekte des Trainings auf die emotionale Atmosphäre hingewiesen werden. Die Haltung des Therapeuten gegenüber den Teilnehmern sollte dabei grundsätzlich validierend und verständnisvoll sein, zumal die Angehörigen häufig selbst psychisch sehr belastet sind.

Nachdem die Angehörigen für ihr Engagement gewürdigt wurden, die Erkrankten unterstützen und sich mit der Erkrankung tiefergehend beschäftigen zu wollen, wird der Einfluss von Kommunikationstechniken auf die emotionale Atmosphäre anhand typischer Konflikte zwischen Erkrankten und Angehörigen erläutert:

> »Sie werden mit Ihren Angehörigen gelegentlich aufgrund der Erkrankung in Streit geraten. Beispiele für typische Konflikte aus dem Klinikalltag sind unterschiedliche Auffassungen über die Ordnung im gemeinsamen Haushalt, Körperpflege, Passivität oder Nichtstun und Drogenkonsum trotz der negativen Folgen für die Psychose. Wir werden nun einige typische Konflikte auf der Flipchart sammeln und darunter notieren, wie Sie und Ihre erkrankten Angehörigen sich bei diesen Konflikten verhalten haben.«

Bei der Sammlung der Konflikte drückt der Gruppenleiter wiederholt Verständnis für häufig vorkommende, negative Affekte aus, um eine Atmosphäre der Offenheit zu erzeugen, die den Teilnehmern ihre Schilderungen erleichtern (z. B. »Das stelle ich mir wirklich anstrengend vor« oder »Ich hätte mich an Ihrer Stelle vermutlich auch sehr geärgert«). Nach Sammlung der Beiträge setzt der Gruppenleiter die Beiträge der Teilnehmer in Beziehung zu den drei allgemeinen Coping-Strategien aus der Fachliteratur (Copello 2003), diese werden auch in unterschiedlichen Farben auf der Flipchart notiert:

»Dank Ihrer Offenheit haben wir nun viele Beispiele für typisches Konfliktverhalten sammeln können. Ihre berichteten Reaktionen in Konflikten sind gut nachvollziehbar und nicht außergewöhnlich. Einige Forscher haben sich intensiv mit dem Verhalten der Angehörigen im Umgang mit Menschen mit Psychose und Suchtproblemen auseinandergesetzt; sie haben drei allgemeine Coping-Strategien in Konfliktsituationen mit den Erkrankten herausgefiltert:

- engaged/beteiligt
- tolerant/duldend sowie
- withdrawal/Rückzug.

Bei der *beteiligten*-Coping-Strategie werden die Angehörigen emotional involviert und *engagieren* sich für die Erkrankten, was sicher erst mal positiv ist. Andererseits versuchen sie aber den Erkrankten zu kontrollieren, was negative Auswirkungen auf beide Seiten haben kann. Bei der *duldenden*-Coping-Strategie werden die Angehörigen erlebtes Fehlverhalten *tolerieren* und sich vielleicht eher passiv verhalten. Bei der *rückzügigen*-Coping-Strategie *wenden* sich die Angehörigen von den Erkrankten *ab*. Keine dieser Coping-Strategien ist grundsätzlich und immer besser als die andere, sie alle haben Vor- und Nachteile: so kann es je nach Situation angemessen sein, verständnisvoll zu reagieren, in einer anderen Situation hingegen sollte den Erkrankten vielleicht eine Grenze aufgezeigt werden. Manchmal kann es günstig sein, inadäquates Verhalten zu tolerieren, in Fällen von z. B. körperlicher Gewalt müssen sich die Angehörigen auf jeden Fall vor den Erkrankten schützen. Es gibt also leider nicht den *einen, richtigen* Copingstil im Umgang mit den Erkrankten. Wir möchten Ihnen nun helfen, Ihre Strategien im Umgang mit den Erkrankten zu erweitern und flexibler handhaben zu können.«

An dieser Stelle empfiehlt es sich, eine kurze Pause einzulegen.

Nach der Pause werden die gesammelten Beiträge zu Konfliktsituationen zwischen Angehörigen und Erkrankten wieder aufgegriffen. Der Therapeut regt einen Austausch zwischen den Teilnehmern über die verwendeten Strategien im Umgang mit den Erkrankten an. Nach Möglichkeit gewinnen die Teilnehmer neue Eindrücke und erweitern ihr Coping-Repertoire im Umgang mit den Erkrankten. Beispiele für die allgemeinen Coping-Strategien und den damit verbundenen möglichen Konsequenzen finden Sie in Tabelle 2.4 (▶ Tab. 2.4).

Die Teilnehmer sollen berichten, ob sie die Wurzel des geschilderten Problems in der Person des Erkrankten oder in der Erkrankung selbst sehen, also ob aus Sicht der Angehörigen die Ursache des Problems von den Erkrankten gut kontrollierbar ist oder nicht. Dann sollen die Teilnehmer angeben, bei welchen Konflikten sie die stärksten negativen Affekte bzw. den stärksten Ärger verspürt haben. Im Einklang mit Forschungsergebnissen (Fortune et al. 2005) ist davon auszugehen, dass die Angehörigen mit stärkeren negativen Affekten reagieren, wenn die Ursache des Problemverhaltens als von der erkrankten Person kontrollierbar gewertet wird (z. B. Substanzkonsum oder psychotische Negativsymptomatik in Form von mangelnder Körperhygiene und Unordnung im Haushalt). Im Vergleich dazu werden psychotische Positivsymptome wie z. B. Halluzinationen oder starke Ängste vergleichsweise seltener als von den Erkrankten kontrollierbar gewertet und lösen somit seltener Ärger aus. Nachdem den Angehörigen diese Verbindung zwischen Attributionsstil und emotionaler Reaktion verdeutlicht wurde, wird zum Konzept der Expressed-Emotions (EE) übergeleitet:

»Wie Sie bereits selbst in Konflikten mit den Erkrankten erfahren konnten, führt das Zuschreiben von Kontrolle über unerwünschtes Verhalten meist zu viel Ärger und begünstigt somit ein Familienklima, das von gegenseitiger Kritik und Vorwürfen geprägt ist. Wir wissen seit langem, dass die emotionale Atmosphäre in der Familie einen Einfluss auf die Rezidivraten von Psychosen haben kann: wird ein Mensch mit Psychose aus dem Krankenhaus in ein Umfeld entlassen, das es zwar gut meint, in dem aber viel Kritik, dominantes bis hin zu übergriffigem Verhalten und sehr stark ausgeprägte Emotionalität vorherrschen, wird er meist innerhalb von wenigen Monaten wieder so krank, dass eine erneute Krankenhausbehandlung nötig ist. Werden die Patienten hingegen in ein wenig kritisierendes, zurückhaltendes und wohlwollendes Umfeld entlassen, so sind die Rezidivraten deutlich niedriger. Die emotionale Atmosphäre hängt aber nicht nur von Ihnen ab, sondern ebenso von den Patienten, denn Konflikte schaukeln sich immer wechselseitig auf: zu einem Streit und zum Vertragen gehören immer zwei Seiten! Daher würde es nicht ausreichen, wenn nur Sie allein ihr Verhalten bei Konflikten ändern. Ein gemeinsam mit ihren erkrankten Angehörigen durchgeführtes Kommunikationstraining kann die emotionale Atmosphäre zwischen Ihnen und den Erkrankten auf positive Art und Weise verändern; das ist das, was wir im 3. Modul unserer Therapie machen wollen.«

Tab. 2.4: Beispiele für verschiedene Coping-Strategien von Angehörigen bei exemplarischem Krankheitsverhalten und deren mögliche Konsequenzen (in Anlehnung an Copello 2003)

Coping-Strategie	Reaktion	Mögliche Vorteile	Mögliche Nachteile
Situation: Patient erhält eine Mahnung über eine nichtbezahlte Rechnung			
engaged/beteiligt	Angehörige ermahnen die oder den Erkrankten, zeigen ggfs. auch ihren Ärger	Pat. wird zu Verhaltensänderung motiviert, Selbstwirksamkeitserleben wird gefördert	Pat. fühlt sich kritisiert, zu Verhaltensänderung gedrängt
tolerant/duldend	Angehörige bezahlen die Rechnung und Mahngebühren	Pat. häuft keine Schulden auf, fühlt sich unterstützt	Pat. verändert evtl. sein Verhalten nicht, kauft von seinem Geld weiter Drogen
withdrawal/ Rückzug	Familienmitglieder reagieren nicht	Familienmitglieder fühlen sich nicht ausgenutzt, keine belastenden Diskussionen und Konflikte mit dem Pat.	Pat. zahlt evtl. die Rechnung und Mahngebühren nicht und verschuldet sich weiter

Tab. 2.4: Beispiele für verschiedene Coping-Strategien von Angehörigen bei exemplarischem Krankheitsverhalten und deren mögliche Konsequenzen (in Anlehnung an Copello 2003) – Fortsetzung

Coping-Strategie	Reaktion	Mögliche Vorteile	Mögliche Nachteile
Situation: Patient konsumiert Drogen im gemeinsamen Haushalt			
engaged/beteiligt	Angehörige flehen den Patienten an, mit dem Konsum aufzuhören, sind wütend, drohen mit Rauswurf	Pat. nimmt wahr, dass den Angehörigen sein Wohlergehen wichtig ist; er konsumiert weniger, nur noch außerhalb der Wohnung	Pat. reagiert trotzig und konsumiert weiter; Konflikt mit Angehörigen begünstigt die Entwicklung psychotischer Symptome
tolerant/duldend	Der Konsum wird nicht thematisiert	Zwischen Patient und Angehörigen gibt es keinen Streit	Pat. hat keinen Grund, sein Verhalten zu ändern
withdrawal/ Rückzug	Der Pat. wird aus der gemeinsamen Wohnung geworfen	Pat. bekommt Grenzen aufgezeigt; er reduziert seinen Drogenkonsum, um wieder bei seiner Familie wohnen zu können	Pat. verwahrlost in der Obdachlosigkeit, Substanzkonsum nimmt zu und die Wahrscheinlichkeit für ein psychotisches Rezidiv steigt

Zum Sitzungsabschluss erhalten die Angehörigen Raum, um Fragen zu stellen. Die zugehörigen Handzettel (Handzettel 12 und 13) werden ausgehändigt.

2.2.2.2 Sitzung 2: Selbstfürsorge der Angehörigen

Die Angehörigen der Erkrankten haben meist ihr eigenes Leben stark eingeschränkt, um die Erkrankten zu unterstützen. Ziel von Sitzung 2 ist die Motivierung der Angehörigen zur Selbstfürsorge, ohne dass sie sich von den Erkrankten abwenden. Die Angehörigen sollen dazu angeregt werden, ausgleichende Freizeitaktivitäten in ihren Alltag einzubauen und wieder mehr Freude am Leben zu haben, ohne dabei Schuldgefühle zu entwickeln, d. h. es geht um eine bessere Balance zwischen Sorge um den erkrankten Angehörigen und sich selbst.

Zu Beginn der Sitzung werden die Angehörigen nach ihrer eigenen psychischen Belastung gefragt, häufig fühlen sich die Angehörigen seit vielen Jahren so belastet, dass der zeitliche Rahmen für ihre Beiträge großzügig gehalten werden sollte. Die Therapeuten bemühen sich um eine empathische, wertschätzende Atmosphäre, in der die Angehörigen offen und frei über ihre Erlebnisse und Gefühle sprechen und Beispiele nennen können. Dann zeichnet der Therapeut zur Veranschaulichung des häufig vorhandenen Ungleichgewichts zwischen psychischer Belastung und ausgleichenden Ressourcen eine »Stress-Waage« auf eine Flipchart (▶ Abb. 2.7). Die berichteten Belastungsfaktoren werden auf einer Seite der Waage in Kästen notiert und »aufgestapelt«. Zu erwarten sind Beiträge wie Freizeiteinschränkungen, finanzielle Mehrbelastung oder Schlafstörungen.

»Aufgrund der Erkrankung ihrer Familienmitglieder oder Partner fühlen sich die meisten Angehörigen sehr belastet und in ihrer Freizeitgestaltung eingeschränkt. Die Angehörigen sorgen sich fast permanent, schlafen dann schlecht, lassen eigene Hobbys schleifen. Typische psychische Belastungen wie diese notierten wir auf der einen Seite der Waage. Über kurze Zeiträume kann unser Organismus derartige Belastungen ertragen, aber auf Dauer wird die betreffende Person der Belastung nicht standhalten können und die *Waage kippt*. Aber was tun?

Die Belastungen auf der einen Seite der Waage müssen ausgeglichen werden, um die Waage wieder ins Gleichgewicht zu bringen, d. h. die psychisch belastete Person muss sich ihrer Ressourcen bewusstwerden und diese nach Möglichkeit aktivieren und nutzen. Dies können finanzielle Ressourcen sein, Hobbys, Freundschaften, Humor... Sie alle kennen sicher den Satz: *Wer nicht gut für sich selbst sorgt, kann auch nicht gut für andere sorgen.*«

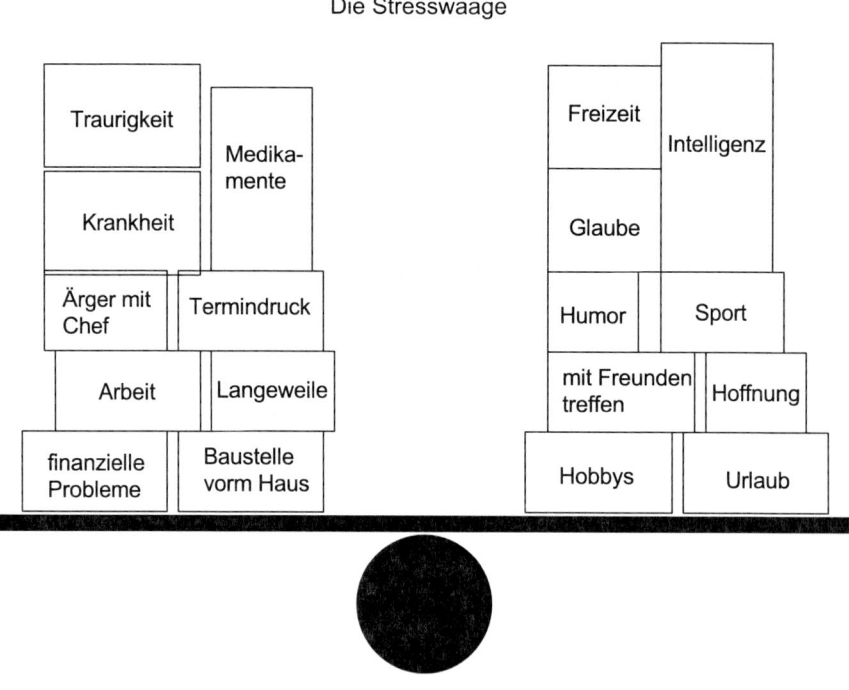

Abb. 2.7 a: Stress-Waage mit Beispielen für psychische Belastungen und Ressourcen (modifiziert nach Behrendt 2004)

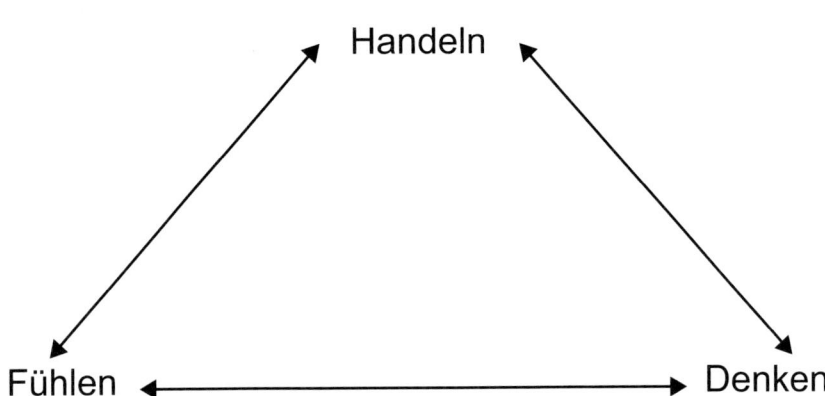

Abb. 2.7 b: Zusammenhang Denken, Fühlen, Handeln

Gemeinsam suchen die Teilnehmer und der Gruppenleiter nach ausgleichenden Freizeitaktivitäten bzw. Ressourcen, welche dann ebenfalls in Kästen auf der anderen Hälfte der Waage notiert werden. Nach Möglichkeit soll bei den Angehörigen die Akzeptanz gefördert werden, trotz ihrer Fürsorgeaufgaben und des häufig erlebten Mitleids ein Recht auf Spaß und Genuss ohne schlechtes Gewissen zu haben.

Nach Sammlung der Ressourcen kann eine kurze Pause eingelegt werden.

Nach der Pause zeichnet der Gruppentherapeut den *Zusammenhang zwischen Denken, Fühlen und Handeln* auf die Flipchart (Heuristik der Verhaltenstherapie). Es wird erläutert, dass sich Denken, Fühlen und Handeln gegenseitig in positiver wie auch negativer Weise beeinflussen, dass z. B. eine angenehme Unternehmung in der Regel zu guter Stimmung und optimistischerem Denken führt, eine depressive Stimmung hingegen zu pessimistischem Denken und einem Rückgang der Aktivitäten führen kann. In Anlehnung an die kognitiv-verhaltenstherapeutische Behandlung der Depression erläutert der Therapeut das Prinzip des *Aktivitätsaufbaus* (nach Hautzinger 2003) mit Wochenplan (▶ Abb. 2.8):

»Da sich Denken, Fühlen und Handeln wechselseitig beeinflussen, wirken sich angenehme Aktivitäten positiv auf Denken und Fühlen aus. Da häufig bei den Angehörigen von psychisch Kranken die angenehmen Freizeitaktivitäten auf der Strecke bleiben, muss die Balance zwischen Belastungen und angenehmen Aktivitäten wiederhergestellt werden. Ich möchte Sie dazu einladen, Ihr eigenes Verhältnis zwischen belastenden und angenehmen Aktivitäten wieder in Einklang zu bringen. Dazu müssen Sie sich zunächst einmal selbst mit Hilfe eines Wochenplans beobachten. Dieser Wochenplan besteht aus mehreren Feldern, die Spalten entsprechen den Wochentagen, die Zeilen den Uhrzeiten. Bitte protokollieren Sie mehrmals täglich (bestenfalls stündlich, mindestens alle vier Stunden) Ihre aktuellen Tätigkeiten, wobei *Tätigkeiten* nicht nur Handlungen, sondern auch *gedankliche Aktivitäten* wie Grübeln oder Sorgen beinhalten (es gibt kein *Nichtstun*). Daneben schätzen Sie bitte Ihre aktuelle Stimmung ein, indem Sie ein *++ für eine sehr gute Stimmung*, ein *+ für eine gute Stimmung*, ein *– für eine schlechte oder traurige Stimmung*, ein *– – für eine sehr schlechte Stimmung* und ein *+ / – für eine weder schlechte, noch gute Stimmung* dahinter schreiben. Bitte benutzen Sie diesen Wochenplan über mehrere Wochen: in der ersten Woche sollen Sie sich ausschließlich selbst beobachten und Ihre Stimmung und die parallel dazu durchgeführten Handlungen protokollieren. Es ist zu erwarten, dass schlechte oder traurige Stimmung zusammen mit eher unangenehmen Handlungen auftritt, gute Stimmung mit angenehmen Aktivitäten. Falls Sie nun bei sich eine überwiegend schlechte oder traurige Stimmung protokolliert haben, sollten Sie in den Folgewochen versuchen, nach und nach wieder eine Balance zwischen psychisch belastenden und angenehmen Aktivitäten herzustellen. Dazu können Sie entweder versuchen, die belastenden Aktivitäten zu verringern oder mehr angenehme Aktivitäten in Ihren Alltag einzubauen. Benutzen Sie dazu bitte weiter den Wochenplan, um Veränderungen identifizieren zu können und ggfs. Anpassungen vornehmen zu können.«

Dabei sollte darauf hingewiesen werden, dass ein Aufbau angenehmer Aktivitäten nicht dem unrealistischen Ziel dient, im Sinne eines Hedonismus nur noch angenehme Aktivitäten ausüben zu können.

Im Anschluss werden gemeinsam mit den Angehörigen Vorschläge für angenehme Aktivitäten gesammelt und auf der Flipchart notiert. Hier soll nach Möglichkeit ein wechselseitiger Austausch zwischen den Teilnehmern stattfinden, ggfs. sollte der Therapeut hier Hilfestellungen geben, falls die Sammlung den Angehörigen schwerfällt. Beispiele für angenehme Aktivitäten können ein breites Spektrum umfassen, z. B. »lesen«, »Geschenke machen«, »einen Vergnügungspark besuchen« usw. Vorschläge für angenehme Aktivitäten können die Teilnehmer in den zur Sitzung gehörigen Arbeitsblättern finden.

Zum Sitzungsabschluss wird den Angehörigen die Möglichkeit gegeben, Fragen zu stellen. Die Handzettel (Handzettel 14 bis 17) werden ausgeteilt.

2.2.3 Modul (3): Rezidivprophylaxe (zwei Sitzungen)

Mit Hilfe dieses Moduls sollen die Erkrankten *gemeinsam mit ihren Angehörigen* ihre individuellen Frühwarnsignale für psychotische Rezidive und für Rückfälle in den Substanzkonsum identifizieren. Darauf aufbauend sollen sie einen Krisenplan erstellen, um bestenfalls einen vollständigen Ausbruch beider Erkrankungen abzuwenden. Die identifizierten Symptome und mögliche Strategien für den Umgang damit werden gemeinsam verschriftlicht. Vorteil des gemeinsamen Arbeitens von Erkrankten und Angehörigen an einem Rezidivprophylaxeplan ist neben einer Nutzung der Angehörigenerfahrung, die häufig den Ausbruch der Erkrankung bzw. des Substanzkonsums miterlebt haben, die mögliche weitere Positivierung der emotionalen Atmosphäre zwischen Angehörigen und Patienten.

2.2 Die Module

	Montag	Dienstag	Mittwoch	Donnerstag	Freitag	Samstag	Sonntag
6-7							
7-8							
8-9							
9-10							
10-11							
11-12							
12-13							
13-14							
14-15							
15-16							
16-17							
17-18							
18-19							
19-20							
20-22							
22-24							

sehr gute Stimmung ++   gute Stimmung +   schlechte Stimmung -   sehr schlechte Stimmung - -   weder gute noch schlechte Stimmung +/-

Bitte tragen Sie mehrmals täglich (ca. alle 4h) ein, was Sie gerade machen und wie Ihre Stimmung dabei ist.

Abb. 2.8: Beispiel für einen Wochenplan zum Aktivitätsaufbau (nach Hautzinger 2003)

2.2.3.1 Sitzung 1

Der Gruppenleiter greift zu Beginn der ersten Sitzung erneut den Krankheitsverlauf von Psychosen auf. Falls nötig (falls z. B. die Patienten vorher nicht an einer psychoedukativen Gruppe für Psychosen teilgenommen hatten) wird noch einmal ein exemplarischer Krankheitsverlauf wie in Abbildung 2.3 auf eine Flipchart gezeichnet. Der Therapeut führt dazu aus:

> »Rückfälle mit Alkohol und/oder Drogen sowie psychotische Rezidive kündigen sich meist frühzeitig durch bestimmte Symptome oder Verhaltensweisen an. Es können dabei ganz typische Symptome wie z. B. ein grundloses Unwohlsein oder Schlafstörungen auftreten, es sind aber auch andere Symptome möglich, denn jeder Erkrankte ist individuell verschieden. Diese frühen Symptome werden auch als *Warnsignale* bezeichnet. In den meisten Fällen kann zu einem frühen Zeitpunkt durch eine rasche Intervention ein vollständiger Ausbruch der Psychose oder ein Rückfall abgewendet werden. Können Sie sich erinnern, wie bei Ihnen bzw. Ihren erkrankten Angehörigen die Psychose oder ein Drogenrückfall begonnen hat? Falls erst eine Erkrankungsphase aufgetreten ist, fällt die Identifikation von frühen Warnsignalen oft nicht leicht, daher werden wir gemeinsam die Warnsignale der teilnehmenden Patienten sammeln und aufschreiben.«

Als Hilfe und zur besseren Einschätzung von Warnsignalen kann an dieser Stelle bereits der Handzettel 18 an die Teilnehmer ausgeteilt werden. Typische Warnsignale für psychotische Rezidive oder Rückfälle können sein:

- Schlafstörungen,
- innere Unruhe,
- Ängste,
- Antriebsminderung,
- die Kontaktaufnahme zu früheren Mitkonsumenten,
- das Aufsuchen von Orten, an denen früher konsumiert wurde,
- grundloses Unwohlsein,
- zunehmende Reizempfindlichkeit.

Es ist wichtig, dass bei der Sammlung der Beiträge möglichst alle Patienten-Angehörigen-Konstellationen Warnsignale benennen können, um dann später einen Rezidivprophylaxeplan erstellen zu können. Ausnahmen bilden Konstellationen, bei denen sich Angehörige und Patienten noch nicht lange kennen oder wenn die Angehörigen die Entwicklung von psychotischen Phasen oder von Konsumrückfällen nur bruchstückhaft miterlebt haben. In diesen Fällen werden die Warnsignale nur basierend auf den Erinnerungen der Erkrankten gesammelt. Bei auftretenden Schwierigkeiten sollten die Therapeuten die Teilnehmer unterstützen. Um die gesammelten Warnsignale aufschreiben zu können, teilt der Therapeut die Pläne zur Verschriftlichung der Warnsignale für psychotische Rezidive und Rückfälle an die teilnehmenden Patienten aus (▶ Abb. 2.9, Handzettel 20). Der Therapeut erläutert das Vorgehen:

»Sie sehen vor sich einen sogenannten *Plan zur Rezidivprophylaxe*. Von einem Rezidiv spricht man, wenn eine bereits abgeklungene Erkrankung wieder akut wird. Derartige Pläne finden bereits seit längerem Anwendung für verschiedene psychische Störungen, bei denen Rezidive auftreten können, neben Psychosen und Suchterkrankungen z. B. auch bei Depressionen. Sinn und Zweck dieser Pläne ist, dass sowohl Erkrankte als auch Angehörige bei auffälligen psychischen Veränderungen oder Verhaltensänderungen die Pläne nutzen können, um diese Veränderungen als Hinweise auf psychotische Entwicklungen und/oder baldigen Substanzkonsum einschätzen zu können. Wir beschäftigen uns heute mit zeitlich frühen Warnsignalen, also ersten Anzeichen für psychotische Rezidive oder Konsumrückfälle und möglichen Strategien zum Umgang damit. Es ist wichtig, dass bei der Sammlung der Warnsignale die Angehörigen mit einbezogen werden, denn sie bemerken manchmal noch vor den Erkrankten selbst erste Veränderungen. Sie können also diese Veränderungen den Erkrankten frühzeitig mitteilen und bei der Umsetzung möglicher Strategien unterstützend wirken. Wir werden den Rezidivprophylaxeplan in zwei Sitzungen anfertigen: Heute werden wir uns den zeitlich frühen Warnsignalen und dem Umgang damit widmen, in der zweiten Sitzung den zeitlich späteren Warnsignalen«.

Dann werden mit den Teilnehmern frühe Warnsignale gesammelt und auf eine Flipchart notiert. Günstig ist hier ein offener Austausch zwischen den Teilnehmern, wobei der Therapeut den Austausch zwischen den Teilnehmern moderiert und die Beiträge auf ihre Bedeutsamkeit für psychotische Entwicklungen oder beginnende Rückfälle überprüft. Falls die Teilnehmer Schwierigkeiten haben, sollen sie durch die Therapeuten Hilfestellungen erhalten, und es sollte ihnen in jedem Fall genügend Zeit für die Sammlung der frühen Warnsignale eingeräumt werden.

Nachdem Angehörige und Patienten ihre Warnsignale auf dem Plan eingetragen haben, kann eine kurze Pause eingelegt werden.

Nach der Pause werden die Teilnehmer beim Ausfüllen ihres individuellen Rezidivprophylaxeplans angeleitet. Zunächst sollen die Vertrauenspersonen eingetragen werden, idealerweise die anwesenden Angehörigen. Sie erklären sich bereit, als Ansprechpartner in Krisen zur Verfügung zu stehen und die Erkrankten zu unterstützen. Es können aber auch nicht anwesende Vertrauenspersonen wie z. B. Betreuer oder andere Familienmitglieder eingetragen werden, diese Entscheidung sollte bei den teilnehmenden Erkrankten liegen. Anschließend werden die vor der Pause gesammelten frühen Warnsignale eingetragen. Falls einzelne Erkrankte auch zu diesem Zeitpunkt noch Schwierigkeiten mit der Identifikation der für sie typischen Warnsignale aufweisen, kann auch auf die Folgesitzung verwiesen werden, in der die frühen Warnsignale nachgetragen bzw. erweitert werden können.

Nach dem Eintragen der frühen Warnsignale wird zum Umgang damit übergeleitet:

»Nachdem Sie nun die für Sie typischen Warnsignale in Ihren Plan eingetragen haben, widmen wir uns den möglichen Strategien zur Abwendung von vollständigen Rezidiven oder Drogenrückfällen. Sie haben bestimmt schon selbst

Erfahrungen im erfolgreichen Umgang mit leichten Psychosesymptomen oder Suchtdruck gesammelt, diese sind sehr wertvoll und sollten in Ihrem Plan berücksichtigt werden. Wirksame Strategien können z. B. die Reduktion von Stress und Belastungen sein, das Einhalten von Tagesstruktur sowie eine Prüfung der individuellen Skills-Sammlung zum Umgang mit Suchtdruck und Stress. Da Sie alle Individuen mit verschiedenen Veranlagungen und Voraussetzungen sind, können Strategien bei einer Person wirksam, bei einer anderen völlig unwirksam sein und umgekehrt. Es gibt aber einige allgemeine Empfehlungen für den Umgang mit psychotischen Symptomen, die Sie bei der Auswahl der zu Ihnen passenden Strategien berücksichtigen können, je nachdem, ob es sich bei den Warnsignalen um beginnende psychotische Positiv- oder Negativsymptome handelt: bei beginnenden Positivsymptomen ist es von Vorteil, sich in eine reizärmere, ruhige Umgebung zurückzuziehen, Belastungen zu reduzieren und eventuell vorhandene Konflikte mit Freunden oder Familienmitgliedern vorübergehend ruhen zu lassen. Treten eher Negativsymptome in den Vordergrund, sollten Sie darauf achten, Ihre Tagesstruktur beizubehalten und üblichen Aktivitäten wie sozialen Kontakten oder Hobbys nachzugehen.«

Bei der folgenden Sammlung möglicher Strategien zum Umgang mit beginnenden Konsumrückfällen oder psychotischen Rezidiven soll erneut ein offener, vom Therapeuten moderierter Austausch zwischen den Teilnehmern angeregt werden, wobei alle Beiträge der Teilnehmer gewürdigt werden. Auch hier können erfahrungsgemäß Schwierigkeiten bei der Auswahl geeigneter Strategien auftreten. Den Teilnehmern sollte genügend Zeit und Raum für die Diskussion ihrer Ideen und Vorschläge eingeräumt werden.

Nach Abschluss der Eintragungen wird die Sitzung beendet. Der Therapeut kann entscheiden, ob er die Pläne einsammeln und in der nächsten Sitzung wieder austeilen oder ob er sie den Teilnehmern mitgeben möchte (in unserer Erfahrung hat sich überwiegend das Einsammeln bewährt, da die Teilnehmer häufig vergessen, den Plan in der Folgesitzung wieder mitzubringen). Die Teilnehmer werden dazu motiviert, sich bis zur nächsten Sitzung weitere Gedanken über mögliche Warnsignale psychotischer Rezidive und Rückfälle zu machen, um die Pläne ggfs. dann ergänzen zu können.

Den Teilnehmern wird für ihre Zusammenarbeit gedankt, die zur Sitzung gehörenden Handzettel (Handzettel 18 und 19) werden ausgehändigt und die Teilnehmer verabschiedet.

2.2.3.2 Sitzung 2

Zu Beginn der zweiten Sitzung werden die Rezidivprophylaxepläne an die Teilnehmer ausgehändigt, falls diese in der ersten Sitzung von den Therapeuten eingesammelt wurden. Den Teilnehmern wird die Möglichkeit gegeben, die bereits notierten frühen Warnsignale zu modifizieren oder zu erweitern und dies untereinander zu diskutieren. Dann werden die Teilnehmer dazu angeregt, gemeinsam zeitlich »spätere« Warnsignale zu sammeln:

2.2 Die Module

Mein persönlicher Krisenplan, Name: _____

Meine Vertrauenspersonen

Person 1: _____ Telefon: _____

Person 2: _____ Telefon: _____

meine persönlichen Warnsignale:

frühe Warnsignale _____
_____
_____
_____

späte Warnsignale _____
_____
_____
_____

Was ich mache, wenn Warnsignale auftreten:

_____
_____

Falls die Symptome zunehmen und späte Warnsignale auftreten, finde ich Hilfe bei folgenden Stellen:

Mein Facharzt: _____ Telefon: _____

Mein Hausarzt: _____ Telefon: _____

Für mich zuständige Klinik:

_____ Telefon: _____

Abb. 2.9: Plan zur Rezidivprophylaxe (modifiziert nach Gouzoulis-Mayfrank 2007, S. 225)

»In der vergangenen Sitzung haben wir über frühe Warnsignale von psychotischen Rezidiven bzw. beginnenden Konsumrückfällen sowie Strategien für den Umgang damit gesprochen. Heute werden wir uns mit den zeitlich späteren Warnsignalen beschäftigen, also wenn die Symptome über die Zeit anhalten oder sogar noch zunehmen. Meist haben die Erkrankten dann bereits Wahrnehmungsstörungen oder wahnhafte Denkinhalte entwickelt, Kontakt zu früheren Mitkonsumenten aufgenommen oder ähnliches. Auch bei den späten Warnsignalen gilt: die Symptome und Verhaltensweisen können interindividuell sehr verschieden sein, d. h. bei einem Patienten kündigt sich die Psychose oder ein Rückfall anders an als bei einem anderen, oder aber kurz vor der akuten Psychose treten die gleichen Symptome in unterschiedlich starker Ausprägung auf, auch das ist üblich. Wir werden heute darüber sprechen, wie beim Auftreten später Warnsignale reagiert werden sollte.«

In der Regel fällt es Erkrankten und Angehörigen bei den späten Warnsignalen leichter als bei den frühen Warnsignalen, diese zu erinnern und zu beschreiben, da bei diesen Symptomen bereits deutliche psychische oder Verhaltensänderungen beobachtbar waren. Falls doch Schwierigkeiten auftreten, sollte der Therapeut einen offenen Erfahrungsaustausch zwischen den Teilnehmern anregen und moderieren, in jedem Fall sollte den Teilnehmern genügend Raum für Fragen und Beiträge geboten werden. Die späten Warnsignale werden dann in den entsprechenden Zeilen des Rezidivprophylaxeplans notiert. Anschließend wird über das Vorgehen bei späten Warnsignalen gesprochen:

»Halten die psychotischen Symptome an oder nehmen sie weiter zu, kann ein vollständiger Ausbruch der Psychose meist nicht mehr nur durch die bereits in der vergangenen Sitzung gesammelten Strategien abgewendet werden. Ab diesem *späten* Stadium sollte unbedingt ein Psychiater konsultiert werden, günstigenfalls der behandelnde Facharzt. Dieser könnte vorübergehend die antipsychotische Medikation verändern oder erweitern, er sollte auch gemeinsam mit Ihnen entscheiden, ob eine teilstationäre oder stationäre Behandlung sinnvoll ist. Zur Not kann auch der Hausarzt oder die zuständige psychiatrische Klinik aufgesucht werden, falls der ambulante Psychiater vorübergehend nicht verfügbar ist. Daher tragen Sie bitte in den Plan auch die Kontaktdaten Ihres Psychiaters, Hausarztes und Ihrer zuständigen psychiatrischen Klinik ein.

Ab einem bestimmten Krankheitsstadium ist eine stationäre Behandlung in einem offenen oder auch geschützten Rahmen unumgänglich, v.a. wenn aus vergangenen akuten Psychosen eine akute Eigen- oder Fremdgefährdung bekannt ist. In diesen Fällen können neben Ärzten der sozialpsychiatrische Dienst des Gesundheitsamtes, evtl. eingesetzte gesetzliche Betreuer und weitere Ordnungsbehörden (ggfs. unter Hinzuziehen der Polizei) freiheitsentziehende Maßnahmen einleiten, die vom Amtsgericht bestätigt werden müssen.«

Freiheitsentziehende Maßnahmen sollten thematisiert und ihre Notwendigkeit bei akuten Gefährdungsaspekten hervorgehoben werden, da häufig einige der teilnehmenden Patienten bereits Zwangsmaßnahmen wie Fixierungen o.ä. als Willkür und Freiheitsberaubung erlebt haben. Nicht selten ist dies auch von den Angehörigen als sehr belastend erlebt worden. Den Teilnehmern sollte ausreichend Raum gegeben werden, über ihre evtl. vorhandenen Erlebnisse zu sprechen. An dieser Stelle ist es wichtig, dass der Therapeut ggfs. Verständnis für die subjektiv negative Sicht der Betroffenen auf die damaligen Behandler aufbringt und die Erlebnisse der Betroffenen validiert. Andererseits soll er darauf hinweisen, dass die damaligen Behandler wahrscheinlich keine andere Möglichkeit gesehen hatten, um mit der Situation fertig zu werden. Der Gruppenleiter muss letztlich deutlich machen, dass Unterbringungen gegen den Willen der Patienten und Zwangsmaßnahmen ausschließlich zum Wohle und zum Schutz der Patienten und ihres Umfelds, und nur in begründeten Notfällen erfolgen.

Dann wird die Sitzung geschlossen. Den Teilnehmern wird für ihre Offenheit gedankt und ihnen wird die Möglichkeit gegeben, Fragen zu stellen. Der zur Sitzung gehörende Rezidivprophylaxeplan (Handzettel 20) wird ausgeteilt und die Teilnehmer werden verabschiedet.

2.2.4 Modul (4): Kommunikationstraining (drei Sitzungen)

Das Kommunikationstraining richtet sich an Erkrankte und Angehörige und umfasst drei Sitzungen. Ziel dieses Moduls ist der Erwerb von Kommunikationsfertigkeiten zur Förderung eines wohlwollenden, wenig kritisierenden und emotional nicht überengagierten Klimas zwischen den Patienten und ihren Angehörigen. Das Kommunikationstraining soll sich sowohl günstig auf den Krankheitsverlauf der Psychose und die Abstinenzbemühungen auswirken als auch die psychische Belastung der Angehörigen reduzieren. Dazu werden einzelne Kommunikationsfertigkeiten der verhaltenstherapeutischen Ehetherapie (VET) (Schindler et al. 1998) verwendet, die in Rollenspielen auf drei Sitzungen verteilt geübt werden sollen. Dabei werden Sprecher- von Zuhörer-Kommunikationsfertigkeiten unterschieden. In Sitzung 1 werden die Sprecher-Fertigkeiten geübt, in Sitzung 2 die Zuhörer-Fertigkeiten, in der dritten Sitzung werden Sprecher- und Zuhörer-Fertigkeiten noch einmal wiederholt und kombiniert geübt.

2.2.4.1 Sitzung 1: Sprecher-Fertigkeiten

Der Therapeut stellt zu Beginn der ersten Sitzung das Expressed–Emotions-Konzept vor:

> »Wir beschäftigen uns in den drei Sitzungen dieses Moduls mit Kommunikation, denn die Kommunikation zwischen Ihnen hat große Auswirkungen auf die emotionale Atmosphäre, in der Sie leben. Gerade bei Konflikten kann sich die Anwendung bestimmter Kommunikationsstile günstig auf Diskussionen und mildernd auf damit verbundenen Ärger auswirken. Eine angenehme, freundliche und unterstützende Atmosphäre zwischen Ihnen hat nicht nur ein angenehmeres Zusammenleben zur Folge, sondern wirkt sich durch die Entspannung auch positiv auf den Verlauf Ihrer Erkrankung und auf Ihre Bemühungen aus, abstinent zu werden oder zu bleiben. Im Gegensatz dazu wirken sich emotional aufgeheizte Konflikte ungünstig auf Ihr Wohlbefinden und den Krankheitsverlauf aus. Kommunikation ist ein wechselseitiger Prozess, deswegen würde es nicht ausreichen, wenn nur Sie, die Patienten oder Sie, die Angehörigen allein an einer Verbesserung der Kommunikation arbeiteten. Vielleicht ist die Kommunikation zwischen Ihnen

auch so in Ordnung, wie sie ist, dann werden wir Ihren Kommunikationsstil zu festigen versuchen. Dazu werden wir in Rollenspielen einzelne, ausgewählte Kommunikationsfertigkeiten üben. Da es sich wie schon angedeutet bei Kommunikation um einen wechselseitigen Prozess handelt, üben wir die Kommunikationsfertigkeiten des Sprechers, also *wie man etwas sagt*, und die Kommunikationsfertigkeiten des Zuhörers, also *wie man auf das Gesagte reagiert*.«

Es ist sehr wichtig zu verdeutlichen, dass weder die Patienten noch die Angehörigen allein für das emotionale Klima verantwortlich sind, dass das EE-Konzept als interaktionistischer Prozess verstanden wird, an dem Patienten und Angehörige gleichermaßen beteiligt sind, damit gegenseitige Vorwürfe und Schuldzuweisungen vermieden werden. Der Therapeut kann dies mit Alltagsweisheiten unterstreichen (z. B. »zu einem Streit gehören immer zwei«). Darüber hinaus sollten die Therapeuten darauf hinweisen, dass Kommunikation zu einem großen Anteil auch nonverbal stattfindet, wir aber in diesem Kommunikationstraining vorwiegend verbale Techniken üben.

Um den Einstieg in das Kommunikationstraining zu erleichtern und um »das Eis zu brechen«, führt der Therapeut in einem Rollenspiel mit einem Teilnehmer ein Beispiel für einen Kommunikationsstil vor, der Ärger und Frustration begünstigt. Thematisch könnte dazu folgendes Skript benutzt werden:

Der Therapeut gibt vor, dass der Teilnehmer mit ihm befreundet oder ggfs. auch verwandt ist und dass beide sich in letzter Zeit nur selten gesehen haben. Der Therapeut wünscht sich im Rollenspiel vom Teilnehmer, dass dieser mehr Zeit mit ihm verbringen soll und setzt dabei vorwiegend Du-Botschaften *(z. B.* »du vernachlässigst mich«*), globale Verurteilungen (z. B.* »du bist arrogant geworden«*) und zeitliche Ausschweifungen mit Negativbeispielen ein (z.B.* »letzte Woche hast du...«*). Der Therapeut sollte nach Möglichkeit auch dem Rollenspielpartner ins Wort fallen.*

Dann werden die Teilnehmer zu ihren Beobachtungen gefragt, ob ihnen etwas aufgefallen ist und wie sich das Gegenüber wahrscheinlich während dieses Streits gefühlt hat. Der Therapeut versucht dabei, gemeinsam mit den Teilnehmern aufzudecken, was während des Rollenspiels das eigentliche Anliegen des Therapeuten war und wodurch die Unterhaltung einen ungünstigen Verlauf genommen hat (z. B. »was glauben Sie, habe ich eigentlich sagen wollen, als ich meinte: *Du verbringst nie Zeit mit mir!* Wie hätte ich das besser sagen können?«). Das Ergebnis dieser nachträglichen Betrachtung sollte sein, dass der Kommunikationspartner in eine Verteidigungshaltung gedrängt wurde, die zu »Gegenangriffen« motivierte; dass eine derartige Kommunikation in der Regel die Kooperations- und Kompromissbereitschaft auf beiden Seiten reduziert und dass dies die Wahrscheinlichkeit für eine Eskalation der Diskussion erhöht.

Dann führt der Therapeut erneut ein Rollenspiel mit einem Teilnehmer vor, wobei er bei gleichem Thema nun die in dieser Sitzung zu übenden »Sprecher-Fertigkeiten« anwendet:

- Ich-Gebrauch, sich öffnen (Gefühle und Bedürfnisse direkt formulieren),
- Konkretes (zu veränderndes) Verhalten ansprechen (keine Verallgemeinerungen),

- Im Hier-und-Jetzt bleiben (nicht thematisch auf Beispiele »schlechten« Verhaltens der Vergangenheit zurückfallen).

Danach werden die Teilnehmer wieder nach ihrem Feedback gefragt, in der Regel erkennen sie bereits zu diesem Zeitpunkt den deeskalierenden Effekt der Sprecher-Fertigkeiten. Dann notiert der Therapeut die Sprecher-Fertigkeiten auf eine Flipchart und beschreibt sie:

> »Dieses Mal habe ich anders mit meinem Rollenspielpartner gesprochen, wie Ihnen bereits aufgefallen ist. Statt anklagender Vorwürfe wie z. B. *du meldest dich nicht mehr* habe ich häufiger das Wort *ich* verwendet und versucht, mein Bedürfnis nach mehr Kontakt direkt zu formulieren, das nennt man *Ich-Botschaften*. Durch *Ich-Botschaften* (im Vergleich zu *Du-Botschaften*, die häufig einen vorwurfsvollen Charakter haben) teilt man dem Gegenüber etwas von sich mit und fördert somit das Verständnis für eigene Anliegen. Dann ist Ihnen vielleicht noch aufgefallen, dass ich versucht habe, ein konkretes Verhalten anzusprechen statt mein Gegenüber global zu verurteilen, d. h. ich habe Formulierungen wie *typisch* oder *immer* vermieden, und ich habe mich auf ein aktuelles Ereignis bezogen (z. B., dass die Person heute nicht zurückgerufen hat), statt Beispiele aus der Vergangenheit anzuführen. Den Gebrauch dieser Kommunikationsfertigkeiten werden wir in Kleingruppen nach einer kurzen Pause üben.«

Nach der Pause sollen die Teilnehmer die zuvor vorgestellten Sprecher-Fertigkeiten üben. Es werden gemischte Kleingruppen aus jeweils drei Teilnehmern gebildet, und zwar Konstellationen bestehend aus einem Patienten und zwei Angehörigen (sollten die Teilnehmer aufgrund ihrer Anzahl nicht auf Dreiergruppen aufteilbar sein, sind auch Dyaden oder Vierergruppen möglich, oder der Gruppentherapeut tritt einer Kleingruppe bei). Vorzugsweise üben die Erkrankten mit »fremden« Angehörigen, da somit die Wahrscheinlichkeit für die Aktualisierung bereits vorher bestehender (heimischer) Konflikte verringert und ein unbeschwerteres Üben ermöglicht wird. Außerdem haben wir die Erfahrung gemacht, dass Angehörige wie auch Patienten es bereichernd empfanden, andere Betroffene kennen zu lernen und Einblicke in mögliche Konflikte oder auch Problemlösungen anderer Familien zu erhalten. Für das Üben in Kleingruppen ist es von Vorteil, mehrere getrennte Räume zur Verfügung zu haben, damit sich die Kleingruppen nicht gegenseitig stören. Alternativ wäre auch die Durchführung in einem großen Raum denkbar.

Das durchzuführende Rollenspiel soll ungefähr so ablaufen, wie in dem Beispiel des Therapeuten vor der Pause: Einer der Teilnehmer hat ein bestimmtes Anliegen an seinen Rollenspielpartner und soll versuchen, ihm oder ihr dieses Anliegen unter Einsatz der zuvor dargestellten »Sprecher-Fertigkeiten« zu vermitteln. Es soll nicht darum gehen, »Recht« durchzusetzen oder eine Diskussion »zu gewinnen«, sondern ausschließlich um die Übung der Sprecher-Fertigkeiten. Die Wahl des Rollenspielthemas steht jeder Kleingruppe offen. Sollten die Teilnehmer Schwierigkeiten bei der Wahl eines Themas haben, kann der Gruppenleiter typische Konfliktsituationen vorgeben, z. B.:

- Der Patient erlebt die Angehörigen/Eltern als übergriffig (sie wollen dem Patienten alle Alltagsaufgaben abnehmen, mischen sich überall ein),
- die Angehörigen/Familie wünschen/wünscht, dass der Patient sein Zimmer aufräumt,
- die Angehörigen »löchern« den Patienten mit Fragen nach seiner Befindlichkeit, was dieser als störend empfindet,
- der Patient fühlt sich von den Anregungen der Angehörigen überfordert (z. B. wieder zur Arbeit/Schule zu gehen nach längerer Krankheitsphase),
- der Patient vernachlässigt seine Körperpflege, was die Angehörigen als störend empfinden,
- der Patient hat einen Ausrutscher mit Drogen erlitten. Die Angehörigen sorgen sich, dass sich der Ausrutscher zu einem Rückfall entwickelt,
- ...

Die Kleingruppen üben immer so, dass das Rollenspiel in einer Dyade durchgeführt wird und einer der Teilnehmer die Rolle eines Beobachters einnimmt. Jeder Teilnehmer der Kleingruppe sollte einmal Beobachter sein, so dass nach drei Übungsdurchgängen jeder Teilnehmer der Dreiergruppe einmal Sprecher, einmal Zuhörer und einmal Beobachter war. Für jeden Übungsdurchgang stehen den Übenden jeweils ca. 10 Minuten zur Verfügung. Während der Kleingruppen geben die Therapeuten Tipps, leiten an und stehen für die Beantwortung von Fragen zur Verfügung.

Nach Abschluss der Kleingruppenübung kommen wieder alle Teilnehmer für einen Austausch ihrer Erfahrungen zusammen. Dabei sollten die Teilnehmer in jedem Fall für ihre Bereitschaft, an einem Rollenspiel teilzunehmen, gewürdigt werden. Es soll Verständnis für Unsicherheiten und Schwierigkeiten aufgebracht werden, da es den meisten Teilnehmern erfahrungsgemäß schwerfällt, vor anderen Personen ein Rollenspiel durchzuführen.

Wichtig ist die Diskussion und das Hervorheben der Effekte der Kommunikationsfertigkeiten auf die emotionale Atmosphäre während des Gesprächs: Wie haben die Teilnehmer sich beim Rollenspiel gefühlt, wie haben die Beobachter die emotionale Atmosphäre erlebt?

Die Therapeutin oder der Therapeut gibt den Teilnehmenden ein konstruktives und durchweg positives Feedback, motiviert sie, an der nächsten Sitzung wieder teilzunehmen und bis zur nächsten Sitzung die Kommunikationstechniken im Alltag zu üben.

Dann werden die zur Sitzung gehörenden Handzettel (Blatt 21 und 22) ausgeteilt und die Teilnehmer werden verabschiedet.

2.2.4.2 Sitzung 2 und 3: Erweiterung der Kommunikationstechniken um die Zuhörer-Fertigkeiten, kombiniertes Üben beider Fertigkeiten

In Sitzung 2 werden die Sprecher-Fertigkeiten aus Sitzung 1 um die Zuhörer-Fertigkeiten erweitert. Zu Beginn von Sitzung 2 werden die Teilnehmer zunächst gefragt, ob sie versucht haben, die Sprecher-Fertigkeiten aus Sitzung 1 im Alltag anzuwenden und ob sie einen Effekt auf die emotionale Atmosphäre zwischen sich und den Gesprächspartnern verspürt haben. Nach Möglichkeit sollten alle Teilnehmer zu Wort kommen und auch die Möglichkeit bekommen, ihre Schwierigkeiten bei der Anwendung mitzuteilen. Dann werden die Zuhörer-Fertigkeiten vorgestellt, wobei das Vorgehen größtenteils dem von Sitzung 1 entspricht:

> »Wie wir bereits in der letzten Sitzung besprochen haben, ist Kommunikation ein wechselseitiger Prozess zwischen mehreren Personen. Dass eine Unterhaltung nicht im Streit endet, liegt daher nicht allein an den kommunikativen Fertigkeiten des Sprechers, sondern genauso an den kommunikativen Fertigkeiten des Zuhörers, also daran, wie auf das Gesagte reagiert wird. Diese *Zuhörer-Techniken* werden wir heute üben und uns dabei auf die Techniken *aufnehmendes Zuhören* und *Paraphrasieren* beschränken. Aufnehmendes Zuhören ermöglicht dem Sprecher, ohne Unterbrechung auszureden. Mittels Paraphrasieren teilt der Zuhörer dem Sprecher mit, was er von dem Gesagten verstanden hat.«

Der Therapeut notiert die beiden Zuhörer-Fertigkeiten auf eine Flipchart. Im Anschluss führt der Therapeut ein Rollenspiel vor, in dem er die Sprecher-Techniken der vergangenen Sitzung vorführt und um die Zuhörer-Techniken erweitert. Dazu kann das gleiche Thema wie in der vorangegangenen Sitzung verwendet werden, es sind aber auch andere Inhalte wählbar. Der Therapeut sollte bei diesem Rollenspiel darauf achten, den Gesprächspartner ausreden zu lassen und das Gesagte in eigenen Worten zu wiederholen, z. B. »wenn ich dich richtig verstehe, dann hast du einfach viel um die Ohren gehabt und hättest mich trotzdem gern getroffen«. Nachdem den Teilnehmern die Möglichkeit gegeben wurde, Fragen zu stellen und etwaige Verständnisprobleme zu klären, werden Kleingruppen gebildet. Idealerweise sollten wieder »durchmischte« Dreier-Gruppen aus Erkrankten und ihnen »fremden« Angehörigen gebildet werden (▶ Kap. 2.2.4.1), gegebenenfalls sind auch neue Konstellationen möglich. Es werden wieder so viele Übungsdurchgänge durchgeführt, dass jeder Teilnehmer einmal Beobachter war (bei Dreiergruppen insgesamt drei Durchgänge). Je nach verstrichener Zeit und Ermüdung der Teilnehmer kann eine Pause zwischen den Rollenspielen gemacht werden. Der Therapeut geht von Gruppe zu Gruppe, gibt Hilfestellung oder beantwortet Fragen. Nach dem letzten Durchgang werden alle Teilnehmer wieder nach ihren Erfahrungen mit den neuen Kommunikationstechniken gefragt und evtl. aufgetretene Probleme geklärt. Dann ist die Sitzung beendet, der zur Sitzung gehörende Handzettel (Handzettel 23) wird ausgeteilt. Die Teilnehmer sollen nach Möglichkeit wieder die Kommunikationstechniken zwischen den Sitzungen im Alltag üben.

In Sitzung 3 werden dann wie in den vorangegangenen Sitzungen die Sprecher- und Zuhörer-Fertigkeiten in Kleingruppen geübt, nachdem die Teilnehmer zu Sitzungsbeginn ihre Erfahrungen mit den Kommunikationstechniken mitteilen und Fragen stellen konnten. Auf das vorführende Rollenspiel kann in der Regel in der dritten Sitzung verzichtet werden. Eventuell bleibt nach den Durchläufen der Rollenspiele noch etwas Zeit, so dass jede Kleingruppe ein Rollenspiel vor den anderen Kleingruppen vorführen könnte. Das Sitzungsende der dritten Sitzung sollte vorrangig dazu genutzt werden, sich mit den Teilnehmern über ihre Erfahrungen mit den geübten Kommunikationstechniken auszutauschen, sie dazu zu motivieren, die positiven Einflüsse auf die emotionale Atmosphäre in der Familie zu vertiefen und die Kommunikationstechniken häufiger und sicherer im Alltag zu verwenden. Die Teilnehmer dürfen dann konstruktive Kritik äußern und abschließende Fragen stellen.

Die Teilnehmer werden für ihr Engagement gewürdigt, bevor sie verabschiedet werden.

3 Evaluation der Familienintervention FIPA

Die in diesem Manual beschriebene Intervention wurde 2013 entwickelt. Zwischen November 2013 und April 2015 wurde sie in der LVR-Klinik Köln an 16 stationären, teilstationären und ambulanten Patienten mit Psychosen und komorbiden Substanzstörungen sowie ihren 23 Angehörigen angewendet und evaluiert. Die wissenschaftliche Evaluation war die Promotion des Erstautors (Süßmuth 2017). An dieser Stelle erfolgt eine kurze zusammenfassende Darstellung.

An drei Messzeitpunkten (unmittelbar vor und nach der Teilnahme an der Intervention sowie drei Monate nach der letzten Sitzungsteilnahme) wurden mehrere Variablen der Patienten und ihren Angehörigen auf Veränderung überprüft. Die wichtigsten Variablen waren:

- der Substanzkonsum der Patienten,
- die Ausprägung psychiatrischer Symptome und psychischer Belastung der Patienten sowie ihr globales, allgemeines Funktionsniveau (GAF),
- die Medikamentencompliance der Patienten,
- die psychische Gesamtbelastung der Angehörigen sowie Belastungen, die aus der Erkrankung der Patienten entstehen, und
- die emotionale Atmosphäre zwischen Patienten und Angehörigen (aus Sicht der Patienten und aus Sicht der Angehörigen).

Eine Übersicht über die verwendeten Verfahren zur Erfassung der Variablen befindet sich in Tabelle 3.1. Tabelle 3.2 bietet eine Übersicht über die Ergebnisse.

Tab. 3.1: Evaluation: Übersicht über die erhobenen Daten und verwendeten Instrumente an drei Messzeitpunkten (Süßmuth 2017)

Patienten				
Ebene	*Instrument*	t_0	t_1	t_2
Diagnosesicherung	Internationale Diagnose-Checklisten (IDCL) (Hiller et al. 1995), Auswertung Krankenakte	x	/	/
Demografische und klinische Daten	Selbsterstellter Fragebogen zum Lebensalter, Geschlecht, Lebensalter bei Erstmanifestation der Psychose, Lebensalter bei Erstkonsum der konsumierten Substanzen, Anzahl stationär-psychiatrischer Behandlungen und Behandlungstage, Anzahl verstrichener Tage seit letztem Konsum	x	/	/

3 Evaluation der Familienintervention FIPA

Tab. 3.1: Evaluation: Übersicht über die erhobenen Daten und verwendeten Instrumente an drei Messzeitpunkten (Süßmuth 2017) – Fortsetzung

Patienten				
Medikation	Substanzen, Tagesdosis, geschätzter Anteil der Tage mit Einnahme wie ärztlich verordnet	x	x	x
Konsumparameter	Selbsterstelltes Interview: Konsumierte Substanzen, Konsumfrequenz, durchschnittliche Tagesdosis, durchschnittliche Einmaldosis, maximale Einmaldosis, Anzahl abstinenter Tage in %	x	x	x
Psychopathologie	Fremdbeurteilung: BPRS (Overall & Gorham 1962, 1976)	x	x	x
Allgemeines Funktionsniveau	Fremdbeurteilung: GAF (DSM-IV, Achse 5, APA 1994)	x	x	x
Compliance: Therapieadhärenz	Anzahl teilgenommener Gruppensitzungen	/	x	x
Aktuelle psychische Befindlichkeit	Selbstbeurteilung: VAS (Hayes & Peterson 1921)	x	x	x
Psychische Gesamtbelastung	Selbstbeurteilung: SCL-K9 (Klaghofer & Brähler 2001)	x	x	x
Emotionale Familienatmosphäre	Selbstbeurteilung: FEF (Feldmann et al. 1995)	x	x	x
Angehörige				
Ebene	*Instrument*	t_0	t_1	t_2
Demografische Daten	Lebensalter, familiäre Beziehung zum Patienten, Anzahl gemeinsam verbrachter Stunden pro Woche, gemeinsame Haushaltsführung	x	/	/
Aktuelle psychische Befindlichkeit	Selbstbeurteilung: VAS (Hayes & Peterson 1921)	x	x	x
Psychische Gesamtbelastung	Selbstbeurteilung: SCL-K9 (Klaghofer & Brähler 2001)	x	x	x
Belastungserleben aufgrund der Erkrankung der Patienten	Selbstbeurteilung: FBQ (Möller-Leimkühler 2005)	x	x	x
Emotionale Familienatmosphäre	Selbstbeurteilung: FFB (Wiedemann et al. 2002)	x	x	x

t_0: vor Teilnahme an der Intervention
t_1: nach Beendigung der Intervention
t_2: drei Monate nach Beendigung der Intervention

Eine globale Betrachtung des Substanzkonsums zeigte insgesamt deutliche Rückgänge. Der Cannabiskonsum und der Konsum weiterer illegaler Substanzen sanken bedeutsam, und die Konsumreduktion hielt sich noch über den Follow-Up-Zeitraum von drei Monaten nach Interventionsende. Die Trinkmengen von Alkohol gingen auch zurück, allerdings war der Alkoholkonsum drei Monate nach der letzten Sitzungsteilnahme wieder fast auf das Ausgangsniveau zurückgekehrt.

Bei den psychiatrischen Symptomen (BPRS-Fremdbeurteilung) und der psychischen Gesamtbelastung (SCL-K9-Selbstbeurteilung) wiesen die Patienten einen Rückgang in allen Symptombereichen auf, gleichzeitig stieg das Globale Allgemeine Funktionsniveau (GAF) an. Die psychische Befindlichkeit der Erkrankten (VAS, Selbstbeurteilung) und die Anzahl der Tage, an denen sie die Medikamente wie ärztlich verordnet einnahmen, stieg über die Messzeitpunkte an.

Tab. 3.2: Evaluation: Zusammenfassung der Ergebnisse (Süßmuth 2017)

Ebene	Ergebnis
Patienten	
Konsum Cannabis und weitere illegale Substanzen	↓ in t_1 und t_2
Alkoholkonsum	↓ in t_1, aber wieder ↔ in t_2
Therapieadhärenz (geschätzter Anteil Tage mit Einnahme der Medikation wie verordnet)	↑
Psychopathologie (BPRS)	↓
Allgemeines Funktionsniveau (GAF)	↑
Psychische Gesamtbelastung (SCL-K9)	↓
Aktuelle psychische Befindlichkeit (VAS)	(↑)
Emotionale Familienatmosphäre aus Sicht der Patienten (FEF)	↑
Angehörige	
Belastungserleben aufgrund der Erkrankung der Patienten (FBQ)	↓
Psychische Gesamtbelastung (SCL-K9)	(↓)
Aktuelle psychische Befindlichkeit (VAS)	(↑)
Emotionale Familienatmosphäre aus Sicht der Angehörigen (FFB)	↑

↓: Abnahme, ↑: Zunahme, ↔: etwa unverändert im Vergleich zu t0
(…): Tendenz, statistisch nicht signifikant
t1: nach Beendigung der Intervention
t2: drei Monate nach Beendigung der Intervention

Bei den Angehörigen sank die durch die Erkrankung der Patienten erlebte psychische Belastung in verschiedenen Bereichen wie Familienalltag, Familienatmosphäre,

Freizeitverhalten, Finanzen und Wohlbefinden bedeutsam ab (FBQ, Selbstbeurteilung), und die psychische Gesamtbelastung sank leicht ab (SCL-K9, Selbstbeurteilung). Numerisch zeigte sich auch eine Besserung der psychischen Befindlichkeit (VAS, Selbstbeurteilung), allerdings blieb diese Veränderung unter dem Signifikanzniveau.

Die emotionale Atmosphäre zwischen Patienten und ihren Angehörigen verbesserte sich über die Messzeitpunkte: Die Patienten bewerteten ihre Angehörigen weniger kritisch, während die Angehörigen selbst ihr emotionales Überengagement als rückläufig beurteilten (FEF, FFB; Selbstbeurteilung).

Bei der Interpretation dieser Ergebnisse muss selbstverständlich berücksichtigt werden, dass die Patienten nicht nur die FIPA-Intervention erhielten. Sie nahmen an einem multimodalen stationären Therapieprogramm teil, das neben der ärztlichen Behandlung, Pharmakotherapie und verschiedenen Co-Therapien auch störungsspezifische Gruppenangebote zur Steigerung der Abstinenzmotivation, Psychoedukation und kognitive Verhaltenstherapie umfasste. Folglich lassen sich die Effekte der einzelnen Therapieelemente nicht voneinander abgrenzen und es ist nicht möglich abzuschätzen, ob bzw. in welchem Umfang die positiven Veränderungen bei den Patienten durch FIPA bedingt waren.

Beispielhaft können wir zunächst die positiven Veränderungen auf der Ebene der Patienten betrachten: Die Abschwächung der wahrgenommenen Angehörigenkritik in Folge eines erfolgreichen Kommunikationstrainings könnte das Stresserleben bei den Patienten senken; diese Stressreduktion könnte wiederum sowohl zu der Remission der psychotischen Symptome und der Verbesserung des globalen Funktionsniveaus als auch zu dem Rückgang des Substanzkonsums beitragen (Butzlaff & Hooley 1998, Vaughn & Leff 1976). Das würde zu der Beobachtung aus der Literatur passen, dass ein wenig kritisierendes Umfeld einen Rückgang des Substanzkonsums begünstigt (Gonzalez-Blanch et al. 2014). Auf der anderen Seite könnte die Besserung der psychiatrischen Symptome in Folge der ärztlichen Behandlung und Medikation ebenfalls zu einem Rückgang des Substanzkonsums beigetragen haben, wenn man bedenkt, dass einige Patienten im Sinne einer Selbstmedikation Alkohol und Drogen zur Linderung psychotischer Symptome konsumieren (Pettersen et al. 2013, Saddichha et al. 2010).

Auf der Ebene der Angehörigen erscheint es sehr wahrscheinlich, dass die positiven Veränderungen zumindest zu einem wesentlichen Teil durch die Teilnahme an der FIPA-Intervention zustande kamen. Es ist plausibel, dass die Psychoedukation, die Vermittlung von Coping-Strategien bzw. Tipps zum Umgang mit den Symptomen des erkrankten Familienmitglieds und die Vermittlung konfliktreduzierender Kommunikationstechniken zu einer Abschwächung des subjektiven Belastungserlebens der Angehörigen geführt haben. Diese Annahme wird durch eine Vielzahl von Untersuchungen zu der Wirkung psychoedukativer und verhaltenstherapeutischer Interventionen bei Angehörigen gestützt (Mueser et al. 2003, Mueser et al. 1997b, Norbeck et al. 1991, Haddock et al. 2003, Smeerdijk et al. 2012, Mueser et al. 2013, Copello 2003, Magliano et al. 1998, Carra et al. 2012a, Jansen et al. 2015, Raune et al. 2004, Scazufca & Kuipers 1996). Über die spezifischen Interventionseffekte hinaus kann auch von einem positiven Effekt des Erfahrungsaustausches und der gegenseitigen emotionalen Unterstützung unter den Gruppenteilnehmern ausgegangen werden (Fortune et al. 2005, Hall 2000, Smeerdijk et al. 2012, Zipple & Spaniol 1987). Auf der anderen Seite ist es aber auch plausibel, dass eine Zustandsbesserung bei dem erkrankten Familienmitglied im Rahmen der Gesamtbehandlung und unabhängig von der FIPA-Intervention zu einer Reduktion der Belastung der Angehörigen führen wird (Möller-Leimkühler 2006, Rammohan et al. 2002, Lasebikan & Ayinde 2013a).

Schließlich erscheint es plausibel, dass die FIPA-Intervention eine entscheidende Rolle bei der positiven Entwicklung auf Ebene der emotionalen Familienatmosphäre gespielt hat. Wichtig ist dabei, dass sowohl die Patienten als auch die Angehörigen eine Besserung beschrieben. Die Teilnahme an der Intervention kann bei den Angehörigen zu mehr Verständnis für die Erkrankten und eine hoffnungsvollere Sicht auf den Krankheitsverlauf geführt haben (Hernandez et al. 2013). Beides sind Faktoren, die die emotionale Familienatmosphäre entlasten können. Das Kommunikationstraining und die Vermittlung von Coping-Strategien im Umgang mit schwierigen Situationen können auch zu einer Verbesserung der emotionalen Familienatmosphäre geführt haben (Bäuml 2004, Copello 2003). Letztlich ist es aber auch diesbezüglich nicht möglich, den Effekt von FIPA von möglichen indirekten Effekten der Gesamtbehandlung sicher abzugrenzen. Vermutlich haben wir es mit einem Zusammenwirken verschiedener Elemente zu tun, wobei Gesamtbehandlung und spezifische Familienintervention in komplexer Wechselwirkung zu einander stehen.

In der Zusammenschau konnten wir zeigen, dass die Familienintervention FIPA im Rahmen eines Gesamtprogramms für Psychosepatienten mit komorbidem Substanzkonsum in der Routineversorgung implementierbar ist und von Patienten und sowie ihren Angehörigen gut angenommen wird. Darüber hinaus ist es sehr wahrscheinlich, dass die Intervention zu den im Untersuchungszeitraum beobachteten positiven Veränderungen der Familienatmosphäre führen bzw. dazu beitragen kann. Weitere positive Effekte auf das Belastungserleben und Gesamtbefinden von Angehörigen und Patienten sowie auf klinische Patientenvariablen sind möglich und plausibel; hierzu kann jedoch aus methodischen Gründen keine sichere Aussage gemacht werden. Zur Steigerung der Aussagekraft bedarf es eines anspruchsvolleren Studiendesigns mit einer Kontrollgruppe und zufälliger Zuordnung der Patienten bzw. Familien zu der Interventions- und Kontrollgruppe, einer größeren Stichprobe und eines längeren Katamnesezeitraums.

4 Zusammenfassung

Die vorliegende Gruppenintervention FIPA ist ein im deutschen Sprachraum neu entwickeltes therapeutisches Angebot für Patientien mit der Doppeldiagnose Psychose und komorbide Substanzstörung und ihre Angehörigen. Sie umfasst die vier Behandlungsmodule:

(1) Doppeldiagnose Psychose und komorbide Substanzstörung, Zusammenhänge zwischen beiden Erkrankungen und Behandlungsmöglichkeiten,
(2) Einflussmöglichkeiten der Angehörigen auf die Erkrankung und Umgang mit Belastungen, die aus der Erkrankung entstehen,
(3) Rezidivprophylaxe und
(4) Kommunikationstraining.

Der Gesamtumfang der Intervention beträgt zehn Sitzungen. Die Module (1) und (2) mit insgesamt fünf Sitzungen richten sich ausschließlich an die Angehörigen, während die Module (3) und (4) gemeinsam in der Gruppe mit den Patienten *und* den Angehörigen durchgeführt werden. Idealerweise sollten die einzelnen Module von FIPA als geschlossene Gruppen von 4 Patienten mit jeweils 1–2 Angehörigen durchgeführt werden. Es ist möglich, dass bei neuen Modulen neue Teilnehmer hinzukommen, auch müssen die Module nicht zwangsläufig immer in der gleichen Reihenfolge durchgeführt werden, hier gibt es Spielraum für flexible Handhabungen. FIPA wurde im Jahr 2013 auf einer Schwerpunktstation eines großen psychiatrischen Fachkrankenhauses (LVR-Klinik Köln) implementiert und wird seither dort regelmäßig durchgeführt. Die Erfahrungen mit der Gruppentherapie sind gut, das Angebot wird im Rahmen des therapeutischen Gesamtprogramms von Patienten und Angehörigen gut angenommen. Die Intervention findet teilweise während des stationären Aufenthaltes des Patienten als Teil des Gesamtbehandlungsprogramms statt, teilweise aber auch in der Zeit nach der Entlassung. Bei einer ersten Evaluationsstudie in einem Prä-Post-Design beschrieben sowohl die Patienten als auch die Angehörigen eine Verbesserung der emotionalen Familienatmosphäre und eine Abschwächung ihres psychischen Belastungserlebens nach der Intervention. Ferner zeigten sich bei den teilnehmenden Patienten positive Veränderungen in Form eines Rückgangs des Substanzkonsums und der psychiatrischen Symptome (Süßmuth 2017). Ob diese positiven Veränderungen ein Ergebnis der Teilnahme an der Familienintervention FIPA waren, bzw. welchen Anteil FIPA an dem Outcome hatte und welche Veränderungen durch andere Elemente des Gesamttherapieprogramms bedingt waren, lässt sich natürlich nicht mit Sicherheit sagen. Hierfür sind weitere, methodisch anspruchsvollere Evaluationsstudien erforderlich. Dennoch ist es sehr wahrscheinlich, dass FIPA zu den positiven Veränderungen zumindest auf der Ebene der Familienatmosphäre und der subjektiv erlebten Belastung beigetragen hat.

Abschließend möchten wir darauf hinweisen, dass sich die hier vorgestellte Angehörigenintervention aufgrund ihres relativ ökonomischen Sitzungsumfangs sowie der flexiblen Anwendbarkeit gut in das therapeutische Angebot von psychiatrischen Kliniken, Ambulanzen und niedergelassenen Therapeuten implementieren lässt. Dies sollte günstigenfalls als Ergänzung zu einem bereits vorhandenen therapeutischen Programm für Patienten mit Psychose und komorbider Substanzstörung erfolgen.

Abbildungs- und Tabellenverzeichnis

Abbildungen

- Abb. 2.1: Schematische Darstellung der Zuweisung der Teilnehmer zu den Behandlungsmodulen, S. 30
- Abb. 2.2: Schaubild zur Einteilung von Psychosen, S. 32
- Abb. 2.3: exemplarischer Krankheitsverlauf einer schizophrenen Psychose, S. 34
- Abb. 2.4: Psychische Wirkungen von Suchtmitteln, S. 35
- Abb. 2.5: Vulnerabilitäts-Stress-Modell erweitert um den Einfluss von Drogen, S. 36
- Abb. 2.6: Signalübertragung an dopaminergen Synapsen, S. 40
- Abb. 2.7: Stress-Waage mit Beispielen für psychische Belastungen und Ressourcen; Zusammenhang Denken, Fühlen, Handeln, S. 48–49
- Abb. 2.8: Beispiel für einen Wochenplan zum Aktivitätsaufbau, S. 51
- Abb. 2.9: Plan zur Rezidivprophylaxe, S. 55

Tabellen

- Tab. 1.1: Allgemeine und spezifische Coping-Stile der Angehörigen von Patienten mit Psychose und komorbider Substanzstörung, S. 21
- Tab. 2.1: Ebenen beobachtbarer und von Erkrankten berichteter psychosebedingter Veränderungen, S. 33
- Tab. 2.2: Beispiel für eine Einteilung von Antipsychotika nach ihrer Wirkpotenz und gängigen Depot-Präparaten, S. 41
- Tab. 2.3: Beispiele für abstinenzbezogene Skills, S. 43
- Tab. 2.4: Beispiele für verschiedene Coping-Strategien von Angehörigen bei exemplarischem Krankheitsverhalten und deren mögliche Konsequenzen, S. 46–47
- Tab. 3.1: Evaluation: Übersicht über die erhobenen Daten und verwendeten Instrumente an drei Messzeitpunkten, S. 63–64
- Tab. 3.2: Evaluation: Zusammenfassung der Ergebnisse, S. 65

Literatur

Acier D, Nadeau L, Landry M (2007) Process of change in patients with concurrent substance use - mental health problems. Sante Mentale au Quebec 32: (2): 59-82.
Addington J (2003) An Integrated Treatment Approach to Substance Use in an Early Psychosis Programme. In: Graham HL, Copello A, Birchwood MJ, Mueser KT (Hrsg.). Substance Misuse in Psychosis. Approaches to Treatment and Service Delivery. Chichester: Wiley, S. 121-135.
Addington J, Addington D (1997) Substance abuse and cognitive functioning in schizophrenia. Journal of Psychiatry & Neuroscience 22: (2): 99-104.
Albanese M, Khantzian EJ (2001) The difficult-to-treat patient substance abuse. In: Dewan MJ (Hrsg.). The difficult-to-treat psychiatric patient. Washington, D.C.: American Psychiatric Publishing, S. 273-298.
Alterman AI, Erdlen FR, McLellan AT, Mann SC (1980) Problem drinking in hospitalized schizophrenic patients. Addictive Behaviors 5: (3): 273-276.
Andreasson S, Allebeck P, Engstrom A, Rydberg U (1987) Cannabis and schizophrenia. A longitudinal study of Swedish conscripts. Lancet 2: (8574): 1483-1486.
APA (1994) DSM-IV: Diagnostic and Statistical Manual of Mental Disorders (4th ed.). Washington, D.C.: American Psychiatric Association.
Archie S, Gyömörey K (2009) First Episode Psychosis, Substance Abuse and Prognosis: A Systematic Review. Current Psychiatric Reviews 5: 153-163.
Arseneault L, Cannon M, Poulton R, Murray R, Caspi A, Moffitt TE (2002) Cannabis use in adolescence and risk for adult psychosis: longitudinal prospective study. BMJ 325: (7374): 1212-1213.
Bachmann KM, Moggi F, Hirsbrunner HP, Donati R, Brodbeck J (1997) An integrated treatment program for dually diagnosed patients. Psychiatr Serv 48: (3): 314-316.
Barbee JG, Clark PD, Crapanzano MS, Heintz GC, Kehoe CE (1989) Alcohol and substance abuse among schizophrenic patients presenting to an emergency psychiatric service. Journal of Nervous and Mental Disease 177: (7): 400-407.
Barrowclough C, Ward J, Wearden A, Gregg L (2005) Expressed emotion and attributions in relatives of schizophrenia patients with and without substance misuse. Social Psychiatry and Psychiatric Epidemiology 40: (11): 884-891.
Barry KL, Fleming MF, Greenley JR, Kropp S, Widlak P (1996) Characteristics of persons with severe mental illness and substance abuse in rural areas. Psychiatr Serv 47: (1): 88-90.
Bäuml J (2004) Angehörigenarbeit warum? In: Behrendt B (Hrsg.). Psychoedukative Gruppen für Angehörige schizophren und schizoaffektiv Erkrankter - Manual für Gruppenleiter. Tübingen: dgvt-Verlag, S. 25-31.
Biegel DE, Milligan SE, Putnam PL, Song LY (1994) Predictors of burden among lower socioeconomic status caregivers of persons with chronic mental illness. Community Mental Health Journal 30: (5): 473-494.
Birchwood M, Spencer E (2001) Early intervention in psychotic relapse. Clinical Psychology Review 21: (8): 1211-1226.
Blachut M, Badura-Brzoza K, Jarzab M, Gorczyca P, Hese RT (2013) Dual diagnosis in psychoactive substance abusing or dependent persons. Psychiatria Polska 47: (2): 335-352.
Blum K, Oscar-Berman M, Badgaiyan RD, Palomo T, Gold MS (2014) Hypothesizing dopaminergic genetic antecedents in schizophrenia and substance seeking behavior. Medical Hypotheses 82: (5): 606-614.

Bowman S, Alvarez-Jimenez M, Wade D, Howie L, McGorry P (2014) The impact of first episode psychosis on sibling quality of life. Social Psychiatry and Psychiatric Epidemiology 49: (7): 1071-1081.
Brown GW, Birley JLT, Wing JK (1972) Influence of Family Life on the Course of Schizophrenic Disorders: A Replication. British Journal of Psychiatry 121: 241-258.
Brown GW, Monck EM, Castairs GM, Wing JK (1962) Influence of family life on the course of schizophrenic illness. . British Journal of Preventative and Social Medicine 16: (2): 55-68.
Butzlaff RL, Hooley JM (1998) Expressed emotion and psychiatric relapse: a meta-analysis. Archives of General Psychiatry 55: (6): 547-552.
Caqueo-Urizar A, Miranda-Castillo C, Lemos Giraldez S, Lee Maturana SL, Ramirez Perez M, Mascayano Tapia F (2014) An updated review on burden on caregivers of schizophrenia patients. Psicothema 26: (2): 235-243.
Caqueo-Urizar A, Urzua A, Jamett PR, Irarrazaval M (2016) Objective and subjective burden in relatives of patients with schizophrenia and its influence on care relationships in Chile. Psychiatry Research 237: 361-365.
Carra G, Cazzullo CL, Clerici M (2012a) The association between expressed emotion, illness severity and subjective burden of care in relatives of patients with schizophrenia. Findings from an Italian population. BMC Psychiatry 12: 140.
Carra G, Johnson S, Bebbington P, Angermeyer MC, Heider D, Brugha T, Azorin JM, Toumi M (2012b) The lifetime and past-year prevalence of dual diagnosis in people with schizophrenia across Europe: findings from the European Schizophrenia Cohort (EuroSC). European Archives of Psychiatry and CLinical Neuroscience 262: (7): 607-616.
Carroll KM, Nich C, Ball SA, McCance E, Rounsavile BJ (1998) Treatment of cocaine and alcohol dependence with psychotherapy and disulfiram. Addiction 93: (5): 713-727.
Caspi A, Moffitt TE, Cannon M, McClay J, Murray R, Harrington H, Taylor A, Arseneault L, Williams B, Braithwaite A, Poulton R, Craig IW (2005) Moderation of the effect of adolescent-onset cannabis use on adult psychosis by a functional polymorphism in the catechol-O-methyltransferase gene: longitudinal evidence of a gene X environment interaction. Biological Psychiatry 57: (10): 1117-1127.
Caton CL, Shrout PE, Eagle PF, Opler LA, Felix A (1994) Correlates of codisorders in homeless and never homeless indigent schizophrenic men. Psychological Medicine 24: (3): 681-688.
Chakraborty R, Chatterjee A, Chaudhury S (2014) Impact of substance use disorder on presentation and short-term course of schizophrenia. Psychiatry J 2014: 1-9.
Chambers RA, Krystal JH, Self DW (2001) A neurobiological basis for substance abuse comorbidity in schizophrenia. Biological Psychiatry 50: (2): 71-83.
Clark RE (1996) Family support for persons with Dual Disorders. New Directions for Mental Health Services 70: 65-78.
Cleary M, Hunt G, Matheson S, Siegfried N, Walter G (2008) Psychosocial interventions for people with both severe mental illness and substance misuse. Cochrane Database of Systematic Reviews (1): CD001088.
Copello A (2003) Substance Misuse and Psychosis in context: The influence of families and social networks. In: Graham HL, Copello A, Birchwood MJ, Mueser KT (Hrsg.). Substance Misuse in Psychosis. Approaches to Treatment and Service Delivery. Chichester: Wiley, S. 43-60.
Copello A, Orford J, Velleman R, Templeton L, Krishnan M (2000) Methods for reducing alcohol and drug related family norm in non-specialist settings. Journal of Mental Health 9: 319-333.
Cotton SM, McCann TV, Gleeson JF, Crisp K, Murphy BP, Lubman DI (2013) Coping strategies in carers of young people with a first episode of psychosis. Schizophrenia Research 146: (1-3): 118-124.
Coulston CM, Perdices M, Tennant CC (2007) The neuropsychological correlates of cannabis use in schizophrenia: lifetime abuse/dependence, frequency of use, and recency of use. Schizophrenia Research 96: (1-3): 169-184.
Cutting LP, Aakre JM, Docherty NM (2006) Schizophrenic patients' perceptions of stress, expressed emotion, and sensitivity to criticism. Schizophrenia Bulletin 32: (4): 743-750.
D'Amelio R, Behrendt B, Wobrock T (2007) Psychoedukation Schizophrenie und Sucht: Manual zur Leitung von Patienten- und Angehörigengruppen. Urban & Fischer Verlag/Elsevier GmbH.

Daley DC (2013) Family and social aspects of substance use disorders and treatment. Journal of Food and Drug Analysis 21: (4): S73-S76.

DGPPN (2005) S3 Praxisleitlinien in Psychiatrie und Psychotherapie. Band 1 – Behandlungsleitlinie Schizophrenie. Darmstadt: Steinkopff-Verlag.

DGPPN (2018) S3-Leitlinie Schizophrenie Update. Konsultationsfassung. AWMF-Registernummer 038/009. (https://www.awmf.org/fileadmin/user_upload/Leitlinien/038_D_G_f_Psychiatrie__Psychotherapie_und_Nervenheilkunde/038-009l_S3_Konsultationsfassung_Schizophrenie_2018-09.pdf, **Zugriff am 12.09.2018**).

Dixon L, Haas G, Weiden PJ, Sweeney J, Frances AJ (1991) Drug abuse in schizophrenic patients: clinical correlates and reasons for use. American Journal of Psychiatry 148: (2): 224-230.

Dixon L, McNary S, Lehman A (1995) Substance abuse and family relationships of persons with severe mental illness. American Journal of Psychiatry 152: (3): 456-458.

Dixon LB, Dickerson F, Bellack AS, Bennett M, Dickinson D, Goldberg RW, Lehman A, Tenhula WN, Calmes C, Pasillas RM, Peer J, Kreyenbuhl J, Schizophrenia Patient Outcomes Research Team (2010) The 2009 schizophrenia PORT psychosocial treatment recommendations and summary statements. Schizophrenia Bulletin 36 (1): 48-70.

Drake RE, Brunette MF (1998) Complications of severe mental illness related to alcohol and drug use disorders. Recent Developments in Alcoholism 14: 285-299.

Drake RE, Green AI (2015) A Call for Creativity in Dual Diagnosis Research. Journal of Dual Diagnosis 11: (2): 93-96.

Drake RE, Mercer-McFadden C, Mueser KT, McHugo GJ, Bond GR (1998) Review of integrated mental health and substance abuse treatment for patients with dual disorders. Schizophrenia Bulletin 24: (4): 589-608.

Drake RE, Mueser KT (2000) Psychosocial approaches to dual diagnosis. Schizophrenia Bulletin 26: (1): 105-118.

Drake RE, Mueser KT, Brunette MF, McHugo GJ (2004) A Review of Treatments for People with Severe Mental Illnesses and Co-Occurring Substance Use Disorders. Psychiatric Rehabilitation Journal 27 (4): 360-374.

Drake RE, Mueser KT, Clark RE, Wallach MA (1996) The course, treatment and outcome of substance disorder in persons with severe mental illlness. American Journal of Orthopsychiatry 66: 42-51.

Drake RE, O'Neal E, Wallach MA (2008) A systematic review of psychosocial interventions for people with co-ocurring severe mental and substance use disorders. Journal of Substance Abuse Treatment 34: (1): 123-138.

Drake RE, Wallach MA (1989) Substance abuse among the chronic mentally ill. Hospital and Community Psychiatry 40: (10): 1041-1046.

Falloon IR, Boyd JL, McGill CW (1984) Family care of schizophrenia: A problem-solving approach to the treatment of mental illness. New York: Guilford.

Feldmann R, Buchkremer G, Minneker-Hügel E, Hornung P (1995) Fragebogen zur Erfassung der Familienatmosphäre (FEF): Einschätzung des emotionalen Angehörigenverhaltens aus der Sicht schizophrener Patienten. Diagnostica 41: (4): 334-348.

Fergusson DM, Horwood LJ, Ridder EM (2005) Tests of causal linkages between cannabis use and psychotic symptoms. Addiction 100: (3): 354-366.

Fergusson DM, Horwood LJ, Swain-Campbell NR (2003) Cannabis dependence and psychotic symptoms in young people. Psychological Medicine 33: (1): 15-21.

Fernández-Mondragón S, Adan A (2015) Personality in male patients with substance use disorder and/or severe mental illness. Psychiatry Research 228: (3): 488-494.

Foldemo A, Gullberg M, Ek AC, Bogren L (2005) Quality of life and burden in parents of outpatients with schizophrenia. Social Psychiatry and Psychiatric Epidemiology 40: (2): 133-138.

Fortune DG, Smith JV, Garvey K (2005) Perceptions of psychosis, coping, appraisals, and psychological distress in the relatives of patients with schizophrenia: An exploration using self-regulation theory. British Journal of Clinical Psychology 44: 319-331.

Foti DJ, Kotov R, Guey LT, Bromet EJ (2010) Cannabis use and the course of schizophrenia: 10-year follow-up after first hospitalization. American Journal of Psychiatry 167: (8): 987-993.

Gomez-de-Regil L, Kwapil TR, Barrantes-Vidal N (2014) Predictors of expressed emotion, burden and quality of life in relatives of Mexican patients with psychosis. Journal of Psychiatric and Mental Health Nursing 21: (2): 170-179.
Gonzalez-Blanch C, Gleeson JF, Cotton SM, Crisp K, McGorry PD, Alvarez-Jimenez M (2014) Longitudinal relationship between expressed emotion and cannabis misuse in young people with first-episode psychosis. European Psychiatry 30 (1): 20-25.
Gonzalez-Blanch C, Martin-Munoz V, Pardo-Garcia G, Martinez-Garcia O, Alvarez-Jimenez M, Rodriguez-Sanchez JM, Vazquez-Barquero JL, Crespo-Facorro B (2010) Effects of family psychoeducation on expressed emotion and burden of care in first-episode psychosis: a prospective observational study. Spanish Journal of Psychology 13: (1): 389-395.
Gonzalez VM, Bradizza CM, Vincent PC, Stasiewicz PR, Paas ND (2007) Do individuals with a severe mental illness experience greater alcohol and drug-related problems? A test of the supersensitivity hypothesis. Addictive Behaviors 32: (3): 477-490.
Gouzoulis-Mayfrank E (2007) Komorbidität Psychose und Sucht - Grundlagen und Praxis. 2., erweiterte Auflage. Darmstadt: Steinkopff.
Gouzoulis-Mayfrank E (2018) Psychotische Störungen und komorbide Suchterkrankungen. In: Walter M, Gouzoulis-Mayfrank E (Hrsg.). Psychische Störungen und Suchterkrankungen. Diagnostik und Behandlung von Doppeldiagnosen. 2. Auflage. Stuttgart: Kohlhammer, S. 75-87.
Gouzoulis-Mayfrank E, König S, Koebke S, Schnell T, Schmitz-Buhl M, Daumann J (2015) Trans-Sector Integrated Treatment in Psychosis and Addiction. Deutsches Ärzteblatt International 112: (41): 683-691.
Graham HL, Copello A, Birchwood M, Griffith E (2016) Brief Integrated Motivational Intervention: a treatment manual for co-occurring mental health and substance use problems. Chichester: John Wiley & Sons Ltd.
Graham HL, Copello A, Birchwood M, Orford J, McGovern D, T. MK, Clutterbuck R, Godfrey E, Maslin J, Day E, Tobin D (2006) A Preliminary Evaluation of Integrated Treatment for Co-existing Substance Use & Severe Mental Health Problems: Impact on Teams & Service Users. Journal of Mental Health 15: (5): 577-591.
Graham HL, Copello A, Birchwood MJ, Maslin J, McGovern D, Orford J, Georgiou G (2003) The Combined Psychosis and Substance Use (COMPASS) Programme: An integrated shared-care approach. In: Graham HL, Copello A, Birchwood MJ, Mueser KT (Hrsg.). Substance Misuse in Psychosis. Approaches to Treatment and Service Delivery. Chichester: Wiley, S. 106-120.
Graham HL, Copello A, Birchwood MJ, Mueser KT, Orford J, McGovern D, Atkinson E, Maslin J, Preece M, Tobin D, Georgiou G (2004) Cognitive-Behavioural Integrated Treatment (C-BIT): A Treatment Manual for Substance Misuse in People with Severe Mental Health Problems. Chichester: John Wiley & Sons.
Gregg L, Barrowclough C, Haddock G (2007) Reasons for increased substance use in psychosis. Clinical Psychology Review 27: (4): 494-510.
Gülseren L, Cam B, Karakoc B, Yigit T, Danaci AE, Cubukcuoglu Z, Tas C, Gulseren S, Mete L (2010) The perceived burden of care and its correlates in schizophrenia. Türk Psikiyatri Dergisi 21: (3): 203-212.
Haddock G, Barrowclough C, Tarrier N, Moring J, O'Brien R, Schofield N, Quinn J, Palmer S, Davies L, Lowens I, McGovern J, Lewis S (2003) Cognitive-behavioural therapy and motivational intervention for schizophrenia and substance misuse. 18-month outcomes of a randomised controlled trial. British Journal of Psychiatry. 183 (5): 418-426.
Hall M (2000) Parent coping styles and schizophrenic patient behavior as predictors of expressed emotion. Family Process 39: (4): 435-445.
Hambrecht M, Häfner H (1996) Substance abuse and the onset of schizophrenia. Biological Psychiatry 40: 1155-1163.
Hautzinger M (2003). Kognitive Verhaltenstherapie bei Depressionen. Weinheim: Beltz PVU.
Hayes MHJ, Peterson DG (1921) Experimental development of the graphic rating method. Psychological Bulletin 18: 98-98.
Hernandez M, Barrio C, Yamada AM (2013) Hope and burden among Latino families of adults with schizophrenia. Family Process 52: (4): 697-708.

Hides L, Dawe S, Kavanagh DJ, Young RM (2006) Psychotic symptom and cannabis relapse in recent-onset psychosis. Prospective study. British Journal of Psychiatry 189: 137-143.

Hiller W, Zaudig M, Mombour W (1995) ICDL. Internationale Diagnosen Checklisten für ICD-10 und DSM-IV (Manual und 32 Checklisten nach ICD-10 als Bestandteil des Gesamtpakets der ICD-10-Checklisten der WHO). Bern: Huber.

Hogarty GE, Anderson CM, Reiss DJ, Kornblith SJ, Greenwald DP, Javna CD, Madonia MJ (1986) Family psychoeducation, social skills training, and maintenance chemotherapy in the aftercare treatment of schizophrenia. I. One-year effects of a controlled study on relapse and expressed emotion. Archives of General Psychiatry 43: (7): 633-642.

Horsfall J, Cleary M, Hunt GE, Walter G (2009) Psychosocial treatments for people with co-occurring severe mental illnesses and substance use disorders (dual diagnosis): a review of empirical evidence. Harvard Review of Psychiatry 17: (1): 24-34.

Humphreys K, Wing S, McCarty D, Chappel J, Gallant L, Haberle B, Horvath AT, Kaskutas LA, Kirk T, Kivlahan D, Laudet A, McCrady BS, McLellan AT, Morgenstern J, Townsend M, Weiss R (2004) Self-help organizations for alcohol and drug problems: toward evidence-based practice and policy. Journal of Substance Abuse Treatment 26: (3): 151-165.

Hunt GE, Siegfried N, Morley K, Sitharthan T, Cleary M (2014) Psychosocial Interventions for People With Both Severe Mental Illness and Substance Misuse. Schizophrenia Bulletin 40: (1): 18-20.

Jansen JE, Haahr UH, Harder S, Trauelsen AM, Lyse HG, Buch Pedersen M, Simonsen E (2015) Caregiver distress in first-episode psychosis: the role of subjective appraisal, over-involvement and symptomatology. Social Psychiatry and Psychiatric Epidemiology 50: (3): 371-378.

Karp DA, Tanarugsachock V (2000) Mental illness, caregiving, and emotion management. Qualitative Health Research 10: (1): 6-25.

Kashner TM, Rader LE, Rodell DE, Beck CM, Rodell LR, Muller K (1991) Family characteristics, substance abuse, and hospitalization patterns of patients with schizophrenia. Hospital and Community Psychiatry 42: (2): 195-196.

Khantzian EJ (1985) The self-medication hypothesis of addictive disorders: focus on heroin and cocaine dependence. American Journal of Psychiatry 142: (11): 1259-1264.

Khantzian EJ (1997) The self-medication hypothesis of substance use disorders: a reconsideration and recent applications. Harvard Review of Psychiatry 4: (5): 231-244.

Kirkbride J (2013) The risk of substance-induced psychosis converting to schizophrenia varies with substance used and patient age. Evidence Based Mental Health 16: (3): 65.

Klaghofer R, Brähler E (2001) Konstruktion und teststatistische Prüfung einer Kurzform der SCL-90-R. Zeitschrift für Klinische Psychologie, Psychiatrie und Psychotherapie 49: (2): 115-124.

Klostermann K, O'Farrell TJ (2013) Treating substance abuse: partner and family approaches. Social Work in Public Health 28: (3-4): 234-247.

Koutra K, Triliva S, Roumeliotaki T, Basta M, Lionis C, Vgontzas AN (2015a) Family Functioning in First-Episode and Chronic Psychosis: The Role of Patient's Symptom Severity and Psychosocial Functioning. Community Mental Health Journal

Koutra K, Triliva S, Roumeliotaki T, Basta M, Simos P, Lionis C, Vgontzas AN (2015b) Impaired family functioning in psychosis and its relevance to relapse: a two-year follow-up study. Comprehensive Psychiatry 62: 1-12.

Krausz M, Mass R, Haasen C, Gross J (1996) Psychopathology in patients with schizophrenia and substance abuse: a comparative clinical study. Psychopathology 29: (2): 95-103.

Kuipers L, Bebbington P (1988) Expressed emotion research in schizophrenia: theoretical and clinical implications. Psychological Medicine 18: (4): 893-909.

Lasebikan VO, Ayinde OO (2013a) Effects of Psychopathology, Functioning and Anti-psychotic Medication Adherence on Caregivers' Burden in Schizophrenia. Indian Journal of Psychological Medicine 35: (2): 135-140.

Lasebikan VO, Ayinde OO (2013b) Family Burden in Caregivers of Schizophrenia Patients: Prevalence and Socio-demographic Correlates. Indian Journal of Psychological Medicine 35: (1): 60-66.

Lauber C, Eichenberger A, Luginbuhl P, Keller C, Rossler W (2003) Determinants of burden in caregivers of patients with exacerbating schizophrenia. European Psychiatry 18: (6): 285-289.

Laudet AB, Magura S, Cleland CM, Vogel HS, Knight EL (2003) Predictors of retention in dual-focus self-help groups. Community Mental Health Journal 39: (4): 281-297.
Lazarus RS (1966) Psychological stress and the coping process. New York: McGraw-Hill.
Lazarus RS, Folkman S (1984) Stress, appraisal, and coping. New York: Springer.
Leff JP, Vaughn CE (1985) Expressed Emotion in Families: Its significance for Mental Illness. New York, London: The Guilford Press.
Magliano L, Fadden G, Economou M, Xavier M, Held T, Guarneri M, Marasco C, Tosini P, Maj M (1998) Social and clinical factors influencing the choice of coping strategies in relatives of patients with schizophrenia: results of the BIOMED I study. Social Psychiatry and Psychiatric Epidemiology 33: (9): 413-419.
Mannelli P (2013) The burden of caring: drug users & their families. Indian Journal of Medical Research 137: (4): 636-638.
Marlatt A (1985) Relapse Prevention: Maintenance Strategies in the Treatment of Addictive Behaviours. New York: Guilford Press.
Mattoo SK, Nebhinani N, Kumar BN, Basu D, Kulhara P (2013) Family burden with substance dependence: a study from India. Indian Journal of Medical Research 137: (4): 704-711.
Mayoral F, Berrozpe A, de la Higuera J, Martinez-Jambrina JJ, de Dios Luna J, Torres-Gonzalez F (2015) Efficacy of a family intervention program for prevention of hospitalization in patients with schizophrenia. A naturalistic multicenter controlled and randomized study in Spain. Revista de Psiquiatría y Salud Mental 8: (2): 83-91.
Meister K, Burlon M, Rietschel L, Gouzoulis-Mayfrank E, Bock T, Lambert M (2010) Psychose und Sucht bei Jugendlichen und Jungerwachsenen Teil 1: Prävalenz und Erklärungsmodelle. Fortschritte der Neurologie Psychiatrie 78: 81-89.
Miller WR, Benefield RG, Tonigan JS (1993) Enhancing motivation for change in problem drinking: a controlled comparison of two therapist styles. Journal of Consulting and Clinical Psychology 61: (3): 455-461.
Miller WR, Rollnick S (1992) Motivational Interviewing: Preparing People for Change. New York: Guilford.
Miner CR, Rosenthal RN, Hellerstein DJ, Muenz LR (1997) Prediction of compliance with outpatient referral in patients with schizophrenia and psychoactive substance use disorders. Archives of General Psychiatry 54: (8): 706-712.
Modestin J, Gladen CJ, Christen S (2001) A comparative study on schizophrenic patients with dual diagnosis. Journal of Addictive Diseases 20: (4): 41-51.
Möller-Leimkühler A-M (2005) Burden of relatives and predictors of burden. Baseline results from the Munich 5-year-follow-up study on relatives of first hospitalized patients with schizophrenia or depression. European Archives of Psychiatry and Clinical Neuroscience 255 (4): 223-231.
Möller-Leimkühler A-M (2006) Multivariate prediction of relatives' stress outcome one year after first hospitalization of schizophrenic and depressed patients. European Archives of Psychiatry and Clinical Neuroscience 256 (2): 122-130.
Möller-Leimkühler A-M, Wiesheu A (2012) Caregiver burden in chronic mental illness: the role of patient and caregiver characteristics. European Archives of Psychiatry and Clinical Neuroscience 262 (2): 157-166.
Mueser KT, Bellack AS, Wade JH, Sayers SL, Rosenthal CK (1992) Educational needs assessment of chronic psychiatric patients and their relatives. British Journal of Psychiatry 160: 674-680.
Mueser KT, Drake RE (2003) Integrated Dual Disorder Treatment in New Hampshire (USA). In: Graham HL, Copello A, Birchwood MJ, Mueser KT (Hrsg.). Substance Misuse in Psychosis. Approaches to Treatment and Service Delivery. Chichester: Wiley, S. 93-105.
Mueser KT, Drake RE, Ackerson TH, Alterman AI, Miles KM, Noordsy DL (1997a) Antisocial personality disorder, conduct disorder, and substance abuse in schizophrenia. Journal of Abnormal Psychology 106: (3): 473-477.
Mueser KT, Drake RE, Noordsy DL (1998a) Integrated mental health and substance abuse treatment for severe psychiatric disorders. Journal of Practical Psychiatry and Behavioral Health 4: (3): 129-139.
Mueser KT, Drake RE, Wallach MA (1998b) Dual diagnosis: a review of etiological theories. Addictive Behaviors 23: (6): 717-734.

Mueser KT, Drake RE, Wallach MA (2002) Komorbidität von psychotischen Störungen und Substanzstörungen. In: Moggi F (Hrsg.). Doppeldiagnosen. Bern: Huber, S.

Mueser KT, Fox L (1998) Stagewise Family Treatment for Dual Disorders. Treatment Manual. Dartmouth, New Hampshire: New Hampshire-Dartmouth Psychiatric Research Center.

Mueser KT, Fox L (2002) A Family Intervention Program for Dual Disorders. Community Mental Health Journal 38: (3): 253-270.

Mueser KT, Gingerich S (2013) Treatment of co-ocurring Psychotic and Substance Use Disorders. Social Work in Public Health 28: 424-439.

Mueser KT, Glynn SM, Cather C, Xie H, Zarate R, Smith LF, Clark RE, Gottlieb JD, Wolfe R, Feldman J (2013) A randomized controlled trial of Family Intervention for co-occurring Substance Use and Severe Psychiatric Disorders. Schizophrenia Bulletin 39: (3): 658-672.

Mueser KT, Noordsey DL, Drake RE, Fox L (2003) Integrated Treatment for Dual Disorders. A Guide to Effective Practice. New York: Guilford Press.

Mueser KT, Valentiner DP, Agresta J (1997b) Coping with negative symptoms of schizophrenia: Patient and family perspectives. Schizophrenia Bulletin 23: (2): 329-339.

Mueser KT, Yarnold PR, Bellack AS (1990) Diagnostic and demographic correlates of substance abuse in schizophrenia and major affective disorder. Acta Psychiatrica Scandinavica 85: 48-55.

NICE (2011) Coexisting severe mental illness (psychosis) and substance misuse: assessment and management in healthcare settings. Clinical guideline [CG120], updated 2016. (https://www.nice.org.uk/guidance/CG120, Zugriff am 14.08.2018.).

Niemi-Pynttari JA, Sund R, Putkonen H, Vorma H, Wahlbeck K, Pirkola SP (2013) Substance-induced psychoses converting into schizophrenia: a register-based study of 18,478 Finnish inpatient cases. Journal of Clinical Psychiatry 74: (1): e94-99.

Nirmala BP, Vranda MN, Reddy S (2011) Expressed emotion and caregiver burden in patients with schizophrenia. Indian Journal of Psychological Medicine 33: (2): 119-122.

Niv N, Lopez SR, Glynn SM, Mueser KT (2007) The role of Substance Use in Families' Attributions and Affective Reactions to their Relative with Severe Mental Illness. The Journal of Nervous and Mental Disease 195: (4): 307-314.

Norbeck JS, Chaftez L, Skodol-Wilson H, Weiss SJ (1991) Social support needs of family caregivers of psychiatric patients from three age groups. Nursing Research 40: (4): 208-213.

O'Farrell TJ, Hooley J, Fals-Stewart W, Cutter HS (1998) Expressed emotion and relapse in alcoholic patients. Journal of Consulting and Clinical Psychology 66: (5): 744-752.

Odell SM, Commander MJ (2000) Risks factors for homelessness among people with psychotic disorders. Social Psychiatry and Psychiatric Epidemiology 35: (9): 396-401.

Orford J, Natera G, Davies J, Nava A, Mora J, Rigby K, Bradbury C, Bowie N, Copello A, Velleman R (1998a) Tolerate, engage or withdraw: a study of the structure of families coping with alcohol and drug problems in south west England and Mexico City. Addiction 93: (12): 1799-1813.

Orford J, Natera G, Davies J, Nava A, Mora J, Rigby K, Bradbury C, Copello A, Velleman R (1998b) Stresses and strains for family members living with drinking or drug problems in England and Mexico. Salud mental 21: 1-13.

Orford J, Natera G, Velleman R, Copello A, Bowie N, Bradbury C, Davies J, Mora J, Nava A, Rigby K, Tiburcio M (2001) Ways of coping and the health of relatives facing drug and alcohol problems in Mexico and England. Addiction 96: (5): 761-774.

Overall JE, Gorham DR (1962) The Brief Psychiatric Ratings Scale. Psychological Reports 10: 799-812.

Overall JE, Gorham DR (1976) 06 BPRS. Brief Psychiatric Rating Scale. In: Guy W, Bonato RR (Hrsg.). ECDEU Assessment Battery. Revised Edition. Rockville, Maryland: S. 157-169.

Perlick DA, Rosenheck RA, Kaczynski R, Swartz MS, Canive JM, Lieberman JA (2006) Components and correlates of family burden in schizophrenia. Psychiatr Serv 57: (8): 1117-1125.

Pettersen H, Ruud T, Ravndal E, Landheim A (2013) Walking the fine line: self-reported reasons for substance use in persons with severe mental illness. International Journal of Qualitative Studies on Health and Well-Being 8: 21968.

Pitschel-Walz G, Leucht S, Bauml J, Kissling W, Engel RR (2001) The effect of family interventions on relapse and rehospitalization in schizophrenia–a meta-analysis. Schizophrenia Bulletin 27: (1): 73-92.

Potasznik H, Nelson G (1984) Stress and social support: the burden experienced by the family of a mentally ill person. American Journal of Community Psychology 12: (5): 589-607.

Power RA, Verweij KJ, Zuhair M, Montgomery GW, Henders AK, Heath AC, Madden PA, Medland SE, Wray NR, Martin NG (2014) Genetic predisposition to schizophrenia associated with increased use of cannabis. Molecular Psychiatry 19: (11): 1201-1204.

Prochaska JO, DiClemente CC, Norcross JC (1992) In search of how people change. Applications to addictive behaviors. American Psychologist 47: (9): 1102-1114.

Rammohan A, Rao K, Subbakrishna DK (2002) Burden and coping in caregivers of persons with schizophrenia. Indian Journal of Psychiatry 44: (3): 220-227.

Raune D, Kuipers E, Bebbington PE (2004) Expressed emotion at first-episode psychosis: investigating a carer appraisal model. British Journal of Psychiatry 184: (4): 321-326.

Ray GT, Mertens JR, Weisner C (2007) The excess medical cost and health problems of family members of persons diagnosed with alcohol or drug problems. Medical Care 45: (2): 116-122.

Regier DA, Farmer ME, Rae DS, Locke BZ, Keith SJ, Judd LL, Goodwin FK (1990) Comorbidity of mental disorders with alcohol and other drug abuse. Results from the Epidemiologic Catchment Area (ECA) Study. Journal of the American Medical Association 264: 2511-2518.

Rhee SH, Hewitt JK, Young SE, Corley RP, Crowley TJ, Stallings MC (2003) Genetic and environmental influences on substance initiation, use, and problem use in adolescents. Archives of General Psychiatry 60: (12): 1256-1264.

Ridgely MS, Goldman HH, Willenbring M (1990) Barriers to the care of persons with dual diagnoses: organizational and financing issues. Schizophrenia Bulletin 16: (1): 123-132.

Roush S, Monica C, Pavlovich D, Drake RE (2015) Community engagement research and dual diagnosis anonymous. Journal of Dual Diagnosis 11: (2): 142-144.

Rush B, Koegl CJ (2008) Prevalence and Profile of People with Co-ocurring Mental and Substance Use Disorders Within a Comprehensive Mental Health System. Canadian Journal of Psychiatry 53: (12): 810-821.

Saddichha S, Prakash R, Sinha BNP, Khess CRJ (2010) Perceived reasons for and consequences of Substance Use among patients with psychosis. Primary Care Companion to the Journal of Clinical Psychiatry 12: (5): e1-e7.

Salo S, Flykt M (2013) The impact of parental addiction on child development. . In: Suchman NE, Pajulo M, Mayes LC (Hrsg.). Parenting and substance abuse: developmental approaches to intervention. New York: Oxford University Press, S. 195-210.

Salyers MP, Mueser KT (2001) Social functioning, psychopathology, and medication side effects in relation to substance use and abuse in schizophrenia. Schizophrenia Research 48: (1): 109-123.

Sara GE, Burgess PM, Malhi GS, Whiteford HA, Hall WC (2015) Stimulant and other substance use disorders in schizophrenia: Prevalence, correlates and impacts in a population sample. Australian and New Zealand Journal of Psychiatry 49 (2): 106-117.

Saunders JC (1999) Family functioning in families providing care for a family member with schizophrenia. Issues in Mental Health Nursing 20: (2): 95-113.

Saunders JC (2003) Families living with severe mental illness: A literature review. Issues in Mental Health Nursing 24: 175-198.

Scazufca M, Kuipers E (1996) Links between expressed emotion and burden of care in relatives of patients with schizophrenia. British Journal of Psychiatry 168: (5): 580-587.

Scheller-Gilkey G, Moynes K, Cooper I, Kant C, Miller AH (2004) Early life stress and PTSD symptoms in patients with comorbid schizophrenia and substance abuse. Schizophrenia Research 69: (2-3): 167-174.

Schindler L, Hahlweg K, Revenstorf D (1998) Partnerschaftsprobleme: Diagnose und Therapie. Therapiemanual. 2., aktualisierte, vollständig überarbeitete Auflage. Berlin: Springer.

Schmidt LM, Hesse M, Lykke J (2011) The impact of substance use disorders on the course of schizophrenia–a 15-year follow-up study: dual diagnosis over 15 years. Schizophrenia Research 130: (1-3): 228-233.

Schnell T, Gouzoulis-Mayfrank E (2007) KomPASs: Komorbidität Psychose und Abhängigkeit: Skills-Training. In: Gouzoulis-Mayfrank F. (Hrsg.). Komorbidität Psychose und Sucht. Grundlagen und Praxis. 2., erweiterte Auflage. Darmstadt: Steinkopff, S. 105-172.

Schnell T, Neisius K, Daumann J, Gouzoulis-Mayfrank E (2010) Prävalenz der Komorbidität Psychose und Sucht – Untersuchungsergebnisse aus einer deutschen Großstadt. Nervenarzt 81: 323-328.

Schofield N, Quinn J, Haddock G, Barrowclough C (2001) Schizophrenia and substance misuse problems: a comparison between patients with and without significant carer contact. Social Psychiatry and Psychiatric Epidemiology 36: (11): 523-528.

Smeerdijk M, Keet R, Dekker N, van Raaij B, Krikke M, Koeter M, de Haan L, Barrowclough C, Schippers G, Linszen D (2012) Motivational Interviewing and Interaction Skills Training for parents to change cannabis use in young adults with recent-onset schizophrenia: a randomized controlled trial. Psychological Medicine 42: 1627-1636.

Soyka M, Albus M, Kathmann N, Finelli A, Hofstetter S, Holzbach R, Immler B, Sand P (1993) Prevalence of alcohol and drug abuse in schizophrenic inpatients. European Archives of Psychiatry and CLinical Neuroscience 242: (6): 362-372.

Straznickas KA, McNiel DE, Binder RL (1993) Violence toward family caregivers by mentally ill relatives. Hospital and Community Psychiatry 44: (4): 385-387.

Suro G, Weisman de Mamani AG (2013) Burden, interdependence, ethnicity, and mental health in caregivers of patients with schizophrenia. Family Process 52: (2): 299-311.

Süßmuth D (2017) Einbeziehung von Angehörigen in die Behandlung von Patienten mit Psychose und komorbider Substanzstörung: Entwicklung eines manualisierten Therapieprogramms und erste Evaluationsschritte. Dissertationsschrift zur Erlangung eines doctor rerum medicinalium, promoviert am 07. Juli 2017. Köln: ZBmed.

Swartz MS, Swanson JW, Hiday VA, Borum R, Wagner R, Burns BJ (1998) Taking the wrong drugs: the role of substance abuse and medication noncompliance in violence among severely mentally ill individuals. Social Psychiatry and Psychiatric Epidemiology 33: (1): 75-80.

Tarrier N, Barrowclough C, Vaughn C, Bamrah JS, Porceddu K, Watts S, Freeman H (1988) The community management of schizophrenia. A controlled trial of a behavioural intervention with families to reduce relapse. British Journal of Psychiatry 153: (4): 532-542.

Tarrier N, Turpin G (1992) Psychosocial factors, arousal and schizophrenic relapse. The psychophysiological data. British Journal of Psychiatry 161: 3-11.

Thompson SC, Checkley GE, Hocking JS, Crofts N, Mijch AM, Judd FK (1997) HIV risk behaviour and HIV testing of psychiatric patients in Melbourne. Australian and New Zealand Journal of Psychiatry 31: (4): 566-576.

Toftdahl NG, Nordentoft M, Hjorthoj C (2016) Prevalence of substance use disorders in psychiatric patients: a nationwide Danish population-based study. Social Psychiatry and Psychiatric Epidemiology 51: (1): 129-140.

Tracy JI, Josiassen RC, Bellack AS (1995) Neuropsychology of dual diagnosis: Understanding the combined effects of schizophrenia and substance use disorders. . Clinical Psychology Review 15: 67-97.

Trumbetta SL, Mueser KT, Quimby E, Bebout R, Teague GB (1999) Social networks and clinical outcomes of dually diagnosed homeless persons. Behaviour Therapy 30: (3): 407-430.

Tsuang MT, Bar JL, Harley RM, Lyons MJ (2001) The Harvard Twin Study of Substance Abuse: what we have learned. Harvard Review of Psychiatry 9: (6): 267-279.

UNODCCP (2000) Demand reduction: A glossary of terms. New York: Vereinte Nationen.

van Os J, Krabbendam L, Myin-Germeys I, Delespaul P (2005) The schizophrenia envirome. Current Opinion in Psychiatry 18: (2): 141-145.

Vaughn CE, Leff JP (1976) The measurement of expressed emotion in the families of psychiatric patients. British Journal of Social and Clinical Psychology 15: (2): 157-165.

Vaughn CE, Leff JP (1981) Patterns of emotional response in relatives of schizophrenic patients. Schizophrenia Bulletin 7: 43-44.

Weiser M, Noy S (2005) Interpreting the association between cannabis use and increased risk for schizophrenia. Dialogues in Clinical Neuroscience 7: (1): 81-85.

Westermeyer J (2006) Comorbid schizophrenia and substance abuse: a review of epidemiology and course. The American Journal on Addictions 15: (5): 345-355.

WHO (1995) Lexicon of alcohol and drug terms. Genf: WHO.

Wiedemann G, Rayki O, Feinstein E, Hahlweg K (2002) The Family Questionnaire: Development and validation of a new self-report scale for assessing expressed emotion. Psychiatry Research 109: 265-279.

Wobrock T, Pajonk F, Falkai P (2004) Schizophrenie I. Fortschritte der Neurologie und Psychiatrie 72: (3): 164-174.

Yamashita M (1998) Family coping with mental illness: a comparative study. Journal of Psychiatric and Mental Health Nursing 5: (6): 515-523.

Yesufu-Udechuku A, Harrison B, Mayo-Wilson E, Young N, Woodhams P, Shiers D, Kuipers E, Kendall T (2015) Interventions to improve the experience of caring for people with severe mental illness: systematic review and meta-analysis. British Journal of Psychiatry 206: (4): 268-274.

Zammit S, Allebeck P, Andreasson S, Lundberg I, Lewis G (2002) Self reported cannabis use as a risk factor for schizophrenia in Swedish conscripts of 1969: historical cohort study. BMJ 325: (7374): 1199.

Zipple A, Spaniol L (1987) Current educational and supportive models of family intervention. In: Hatfield AB, Lefley HP (Hrsg.). Families of the mentally ill: Coping and adaptation. New York: Guilford, S. 261-277.

Zusatzmaterial – Handouts

Definition von Doppeldiagnose

Die Weltgesundheitsorganisation (WHO) definiert Komorbidität oder Doppeldiagnose als das gleichzeitige Auftreten von psychoaktiven substanzbedingten Störungen und weiteren psychiatrischen Störungen (WHO 1995). Nach dem United Nations Office on Drugs and Crime (UNODC) wird bei Doppeldiagnosen ein Alkohol- oder Drogenproblem diagnostiziert und noch eine weitere Diagnose gestellt, meist affektive Störungen (z. B. Depression) oder Schizophrenie (UNODCCP 2000).

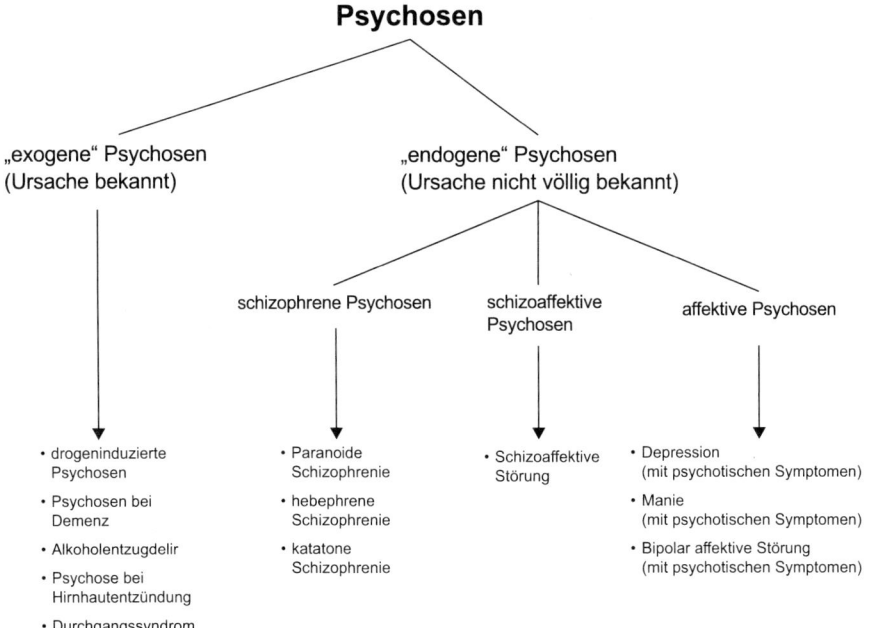

Handout 1

Schizophrenie: Diagnosekriterien der WHO (ICD-10)

Allgemeine Charakteristika der Schizophrenie sind Störungen des Denkens und der Wahrnehmung und unangemessene Affekte. Die Symptome können akut oder schleichend einsetzen. Symptomgruppen, die oft gemeinsam auftreten, lassen sich wie folgt unterteilen:

1. Gedankenlautwerden, -eingebung, -entzug, -ausbreitung
2. Kontroll- oder Beeinflussungswahn, Gefühl des Gemachten, Wahnwahrnehmungen
3. kommentierende oder sich unterhaltende Stimmen
4. anhaltender, kulturell unangemessener oder unrealistischer Wahn
5. Halluzinationen aller Sinnesmodalitäten, die von Wahngedanken oder
6. überwertigen Ideen begleitet sind
7. Gedankenabreißen oder -einschiebungen, so dass es zu Zerfahrenheit,
8. Neologismen oder Danebenreden kommt
9. katatone Symptome, z. B. Haltungsstereotypien, wächserne Biegsamkeit, Mutismus, Stupor etc.
10. negative Symptome (Apathie, Sprachverarmung, Affektverflachung)
11. Verhaltensänderungen, die sich in Ziellosigkeit, Trägheit, einer in sich
12. verlorenen Haltung und sozialem Rückzug äußern

Diagnostische Kriterien:
Mindestens ein eindeutiges Symptom der Gruppen 1–4 oder mindestens zwei der Gruppen 5–8, die über einen Zeitraum von mindestens einen Monat auftreten.

Beispiele für Positiv- und Negativ-Symptome einer Schizophrenie

Positiv-Symptome	Negativ-Symptome
• Wahrnehmungsstörungen • Stimmenhören • Wahn • innere Unruhe • Schlafstörungen • Ängste • Misstrauen • Unstrukturierte Gedankengänge	• Antriebslosigkeit • Rückgang der emotionalen Schwingungsfähigkeit • rückzügiges Verhalten • Niedergeschlagenheit • Verminderung der Konzentration • Verminderung der Leistungsfähigkeit

Handout 2

Exemplarischer Verlauf einer Psychose

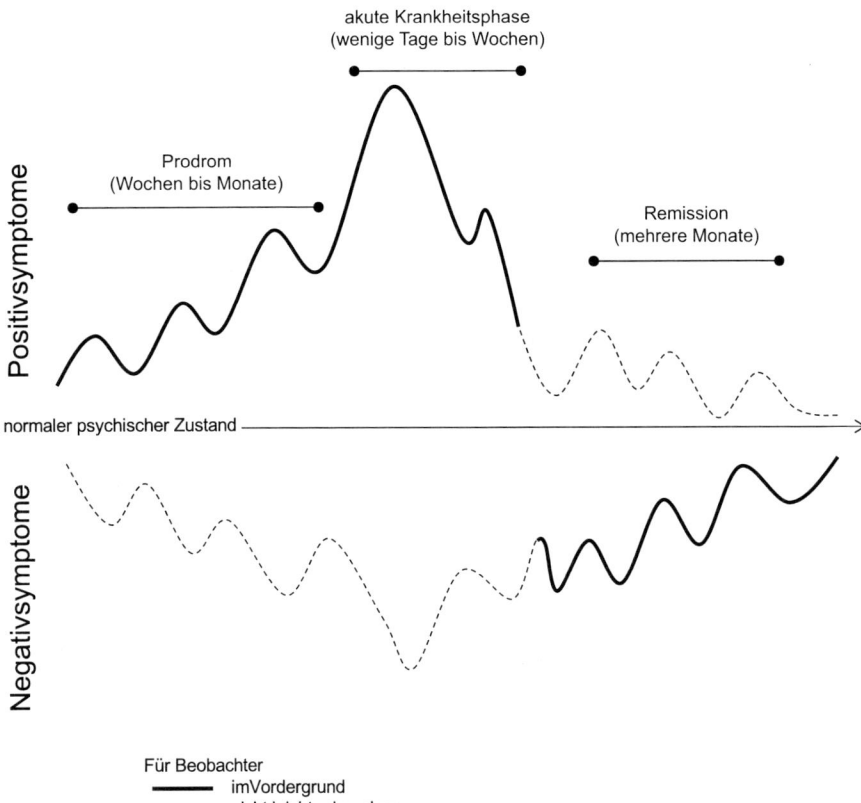

(modifiziert nach Behrendt 2004)

Handout 3

Drei Hauptpole der Wirkung von Suchtstoffen

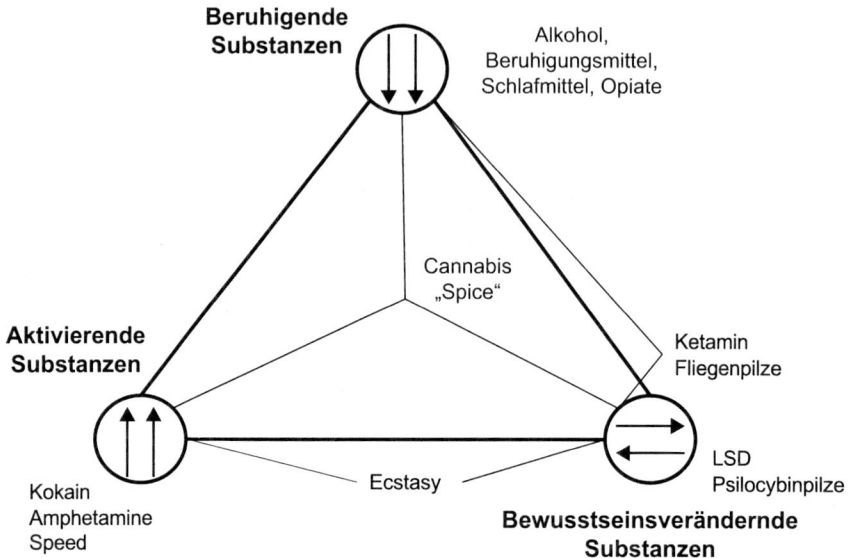

(modifiziert nach Gouzoulis-Mayfrank 2007, S. 80)

Handout 4

Schädlicher Gebrauch von Substanzen (nach ICD-10)

Muster von Substanzgebrauch, das eine körperliche oder psychische Gesundheitsschädigung bewirkt.

Diagnostische Kriterien:
Es liegt eine Schädigung der psychischen (z. B. Depression oder Schizophrenie) oder physischen Gesundheit (z. B. Hepatitis) vor. Häufig wird der Substanzkonsum von anderen kritisiert und zieht negative soziale Folgen nach sich. Dies ist jedoch allein kein Beweis für das Vorliegen eines schädlichen Gebrauchs.

Für die Diagnose reichen auch eine akute Intoxikation oder ein Kater nicht aus.

Substanzabhängigkeit (nach ICD-10)

Das Hauptmerkmal des Abhängigkeitssyndroms ist der starke Wunsch oder Zwang, die Substanz zu konsumieren.

Diagnostische Kriterien:
Mindestens drei der folgenden Kriterien während des letzten Jahres müssen erfüllt sein:

1. Starker Wunsch oder Zwang, die Substanz zu konsumieren
2. Mangelnde Kontrolle was Beginn, Beendigung und Menge des Gebrauchs angeht
3. Körperliches Entzugssyndrom: entweder substanzspezifische Entzugssymptome bei Verringerung oder Beendigung des Konsums oder Einnahme der Substanz, um Entzugssymptome zu mildern oder zu verhindern
4. Toleranz: Dosissteigerungen sind nötig, um die ursprüngliche Wirkung zu erleben
5. Vernachlässigung anderer Interessen und mehr Zeitaufwand für die Beschaffung und den Konsum der Substanz und die Erholung von den Folgen
6. Der Substanzgebrauch hält an, obwohl schädliche Folgen eintreten, deren sich der Konsument bewusst ist, z. B. Leberschaden durch Alkohol

Handout 5

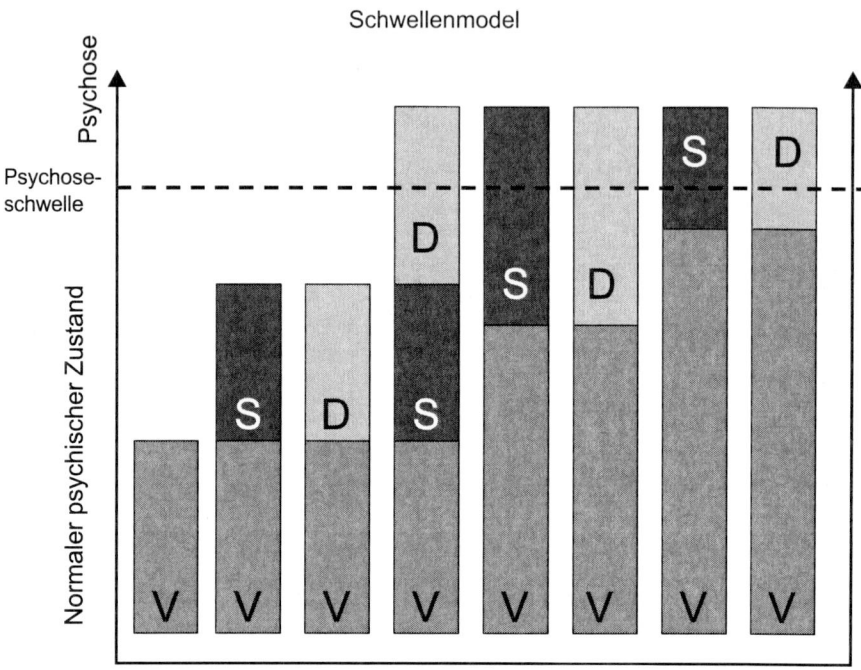

(modifiziert nach Gouzoulis-Mayfrank 2007, S. 92)
V = Vulnerabilität/Veranlagung, **S** = Stress/psychische Belastung, **D** = Drogen

Handout 6

Signalübertragung an Synapsen

normale Signalübertragung

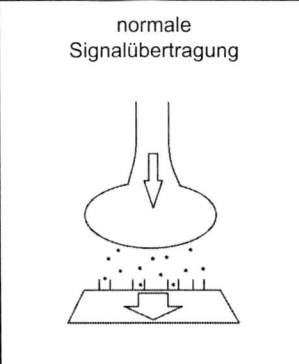

Akute Psychose: zu viel Signalübertragung

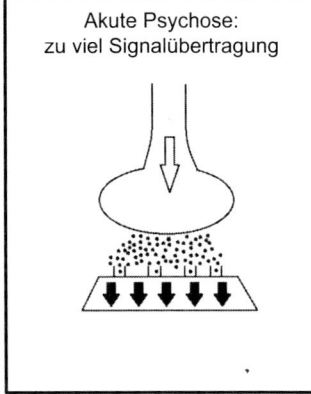

Neuroleptikum blockiert Dopaminrezeptoren, normalisiert Signalübertragung

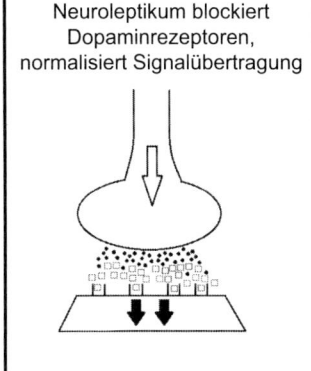

Übermäßige Rezeptorblockade: zu wenig Signalübertragung

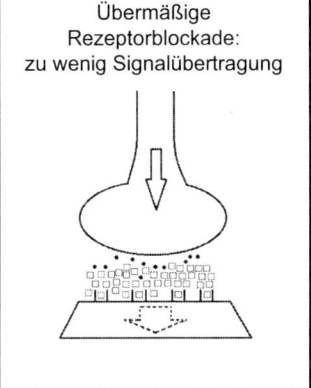

Handout 7

Häufig verwendete Antipsychotika

Hoch- und mittelpotente Antipsychotika (starke antipsychotische Wirkung, dafür aber im Vergleich zu niedrigpotenten Neuroleptika höhere Wahrscheinlichkeit für unerwünschte Nebenwirkungen):

Haldol (Haloperidol), Glianimon (Benperidol), Fluanxol (Flupentixol), Taxilan (Perazin), Ciatyl-Z (Zuclopenthixol), Lyogen (Fluphenazin)

Niedrigpotente Antipsychotika (geringe antipsychotische Wirkung, dafür beruhigend und dämpfend):

Atosil (Promethazin), Neurocil (Levomepromazin), Eunerpan (Melperon), Dipiperon (Pipamperon), Truxal (Chlorprothixen)

Atypische Antipsychotika:

Risperdal (Risperidon), Invega (Paliperidon), Leponex (Clozapin), Zyprexa (Olanzapin), Zeldox (Ziprasidon), Solian (Amisulprid), Seroquel (Quetiapin), Abilify (Aripiprazol), Dogmatil (Sulpirid), Reagila (Cariprazin)

Einige Medikamente sind als **Depot-Medikament** erhältlich. Depot-Medikamente werden als Spritze in den Muskel verabreicht:

Abilify maintena (Aripiprazol, alle 4 Wochen), Haldol decanoat (Haloperidol, alle 4 Wochen), Risperdal consta (Risperidon, alle 2 Wochen), Xeplion (Paliperidon, alle 4 Wochen), Trevicta (Paliperidon, alle 12 Wochen), Dapotum D (Fluphenazin, alle 2-4 Wochen), Fluanxol Depot (Flupentixol, alle 2-4 Wochen)

Einige Antipsychotika gibt es auch in Tropfenform und/oder als intravenöse oder intramuskuläre Injektionen. Intramuskuläre und intravenöse Verabreichungsformen können aufgrund der schnelleren Verbreitung des Wirkstoffs im Körper in akuten Erkrankungsphasen eingesetzt werden.

Antipsychotika in Tropfenform sind häufig schwierig zu dosieren und werden daher nach Entlassung aus dem Krankenhaus bevorzugt als Tabletten verordnet.

Handout 8

Nebenwirkungen von Antipsychotika und Strategien im Umgang damit

Unerwünschte Nebenwirkung		Strategien im Umgang mit Nebenwirkungen
Extrapyramidalmotorische Störungen	Frühdyskinesien: Zungen-, Schlund- und Blickkrampf, Schiefhals, Sitzunruhe (Akathisie)	
treten vorwiegend bei hochpotenten Neuroleptika auf, seltener bei atypischen und niedrigpotenten Neuroleptika	Parkinson-Syndrom: kleinschrittiger und steifer Gang, Muskelsteifigkeit, Zittrigkeit	Medikamentöse Dosisreduktion, Umstellung oder Gabe eines zusätzlichen Medikaments (Akineton, Dociton)
	Spätdyskinesien: unwillkürliche, tic-ähnliche Muskelbewegungen, meist im Gesicht	
Sonstige Nebenwirkungen	Mundtrockenheit	Trinken kalorienfreier Getränke, kalorienfreie Bonbons lutschen
	Speichelfluss	nachts Tuch auf Kissen legen, ggfs. zusätzliches Medikament
	Verschwommenes Sehen	verschwindet meist wieder nach Gewöhnungsphase; solange sollten Situationen, die einwandfreie Sehkraft erfordern (z. B. Auto fahren) vermieden werden
	Gesteigerter Appetit, Gewichtszunahme	Diätberatung, regelmäßige Bewegung
	Verminderung der sexuellen Empfindsamkeit	sich nicht unter Leistungsdruck setzen, ggfs. medikamentöse Umstellung
	Verstopfung	Bewegung, ballaststoffreiche Kost, viel trinken
	Erhöhte Sonnenempfindlichkeit	Sonnencremes mit hohem Lichtschutzfaktor benutzen, sich mehr im Schatten aufhalten
	Blutdruckschwankungen, Schwindel	Langsames Aufstehen, wenn möglich Großteil der Tagesdosis zur Nacht einnehmen
	Milchfluss	Verschwindet meist nach Dosisreduktion, ggfs. medikamentöse Umstellung
	Veränderung des Blutbilds	Kommt selten vor, dann medikamentös umstellen oder absetzen

Unerwünschte Nebenwirkung	Strategien im Umgang mit Nebenwirkungen
Krampfanfälle	Kommt auch selten vor, aber dann Dosisreduktion, Zusatzmedikament oder Medikamentenänderung
Herzrhythmusstörungen, Veränderungen im EKG	Änderung der Medikation
Eingeschränkte Konzentrationsfähigkeit, Verlangsamung des Denkens, Müdigkeit	Unter atypischen Antipsychotika weniger ausgeprägt, daher ggfs. medikamentöse Umstellung erwägen

Handout 9

Rückfallwahrscheinlichkeit für Psychosen innerhalb eines Jahres in Abhängigkeit der Medikamenteneinnahme

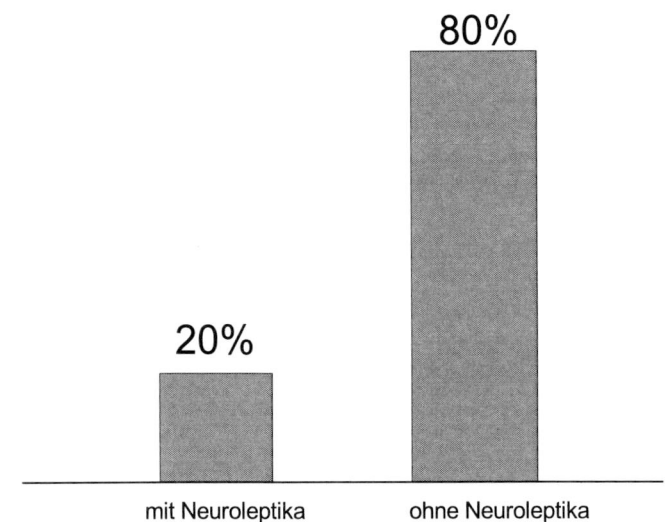

Zeitliche Verzögerung der gewünschten Wirkung von Neuroleptika

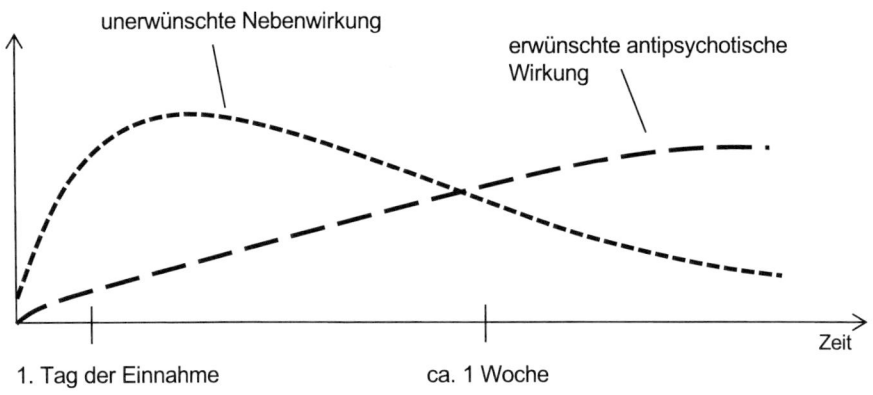

Handout 10

Anti-Stress-/Anti-Craving-Skills

»Skills« (engl. Fertigkeiten, Kompetenzen) sind Verhaltensstrategien, durch deren Einsatz unangenehme Gefühlszustände reduziert werden können. Die unangenehmen Gefühlszustände können relativ alltäglicher Natur sein, z. B. Nervosität, schlechte Stimmung oder Traurigkeit, also Zustände, die jeder von uns kennt. Sie können aber auch durch Suchtdruck, Positiv- und Negativ-Symptome einer Psychose oder Überforderungserleben entstehen und damit einen hohen Leidensdruck bei den Betroffenen auslösen und zu ungünstigem Bewältigungsverhalten wie Drogenkonsum führen. Skills stellen eine »gesunde Alternative« zu diesem ungünstigen Bewältigungsverhalten dar. Die Patienten lernen, in belastenden Situationen oder Situationen, in denen sie früher Drogen konsumiert haben, das gesunde Verhalten anzuwenden. Skills reichen von positiven Aktivitäten wie Hobbys oder Sozialkontakten bis hin zum Einsatz intensiver Skills wie z. B. auf eine Chili-Schote beißen oder an einer Ammoniak-Ampulle riechen, wenn der erlebte Suchtdruck und Stress sehr hoch sind. Viele Menschen setzen Skills im Alltag unbewusst ein, z. B. Lesen oder Musik hören, um die Wartezeit an einer Haltestelle zu überbrücken, sie machen Sport, wenn sie sich körperlich unruhig und zappelig fühlen, trinken einen Beruhigungstee oder nehmen ein warmes Bad, wenn sie nicht schlafen können. Den Patienten sollen also einerseits vorhandene Fertigkeiten im Umgang mit Stress und Suchtdruck bewusst gemacht werden, damit diese in Risikosituationen angewendet werden können. Zusätzlich sollen neue Skills dazu gelernt werden, um ein möglichst breites Spektrum zur Verfügung zu haben.

Hier eine Übersicht über häufig angewandte Skills:

Bei Stress/Suchtdruck in Gesellschaft	Bei Stress/Suchtdruck alleine zu Hause
Die kritische Situation verlassen	Eine positive Aktivität ausführen, z. B. schöne Musik hören
Mit Leuten solidarisieren, die nicht konsumieren und sich gegenseitig unterstützen	Sport, z. B. gegen Boxsack schlagen
Eine Runde um den Block laufen	Jemanden anrufen, Freunde über meinen Zustand informieren
Mit anderen über den akuten Suchtdruck sprechen	Negative Erlebnisse mit der Droge in Erinnerung rufen
Freunde darum bitten, möglichst wenig Drogenreize vor meinen Augen zu präsentieren (z. B. Drogen auf den Tisch legen; vor meinen Augen konsumieren; viel darüber reden)	Leute treffen, die nicht konsumieren
Einen Freund darum bitten, dass dieser energisch versucht, mich vom Drogenkonsum abzuhalten	Positive Erlebnisse mit Drogen kritisch hinterfragen

Bei Stress/Suchtdruck in Gesellschaft	Bei Stress/Suchtdruck alleine zu Hause
	Zeit gewinnen (»… noch 10 Minuten warten …«, danach ist oft der Drang zu konsumieren geringer)
	Wechselduschen

Handout 11

Zeitliche Verzögerung der gewünschten Wirkung von Neuroleptika

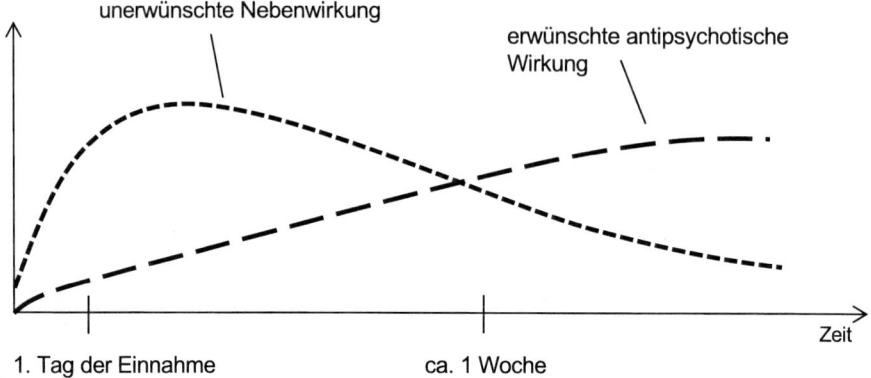

1. Tag der Einnahme   ca. 1 Woche

Handout 12

Hilfreiche Strategien für den Umgang mit an Schizophrenie und an Sucht erkrankten Personen

Reibungspunkte zwischen Erkrankten und ihren Angehörigen sind immer möglich und nachvollziehbar. Viele Studien haben untersucht, wie Angehörige mit Symptomen der Erkrankung und den Erkrankten selbst umgehen. Dabei wurden 3 allgemeine Bewältigungsformen identifiziert (in Anlehnung an Orford 1998):

- *Involviertheit* (z. B. man kontrolliert den Erkrankten, fleht ihn an, sich in einer bestimmten Art und Weise zu verhalten)
- *Duldung* (z. B. man unterstützt den Erkrankten finanziell, selbst wenn keine Sicherheit besteht, dass dafür keine Drogen gekauft werden, verteidigt ihn vor anderen)
- *Rückzug* (z. B. man geht dem Erkrankten oder den Konflikten aus dem Weg, meidet z. T. den Kontakt mit ihm)

Wichtig: Es gibt nicht den »einen richtigen« Umgang mit dem Erkrankten und seinen Krankheitssymptomen. Jede der oben genannten Bewältigungsformen hat Vor- und Nachteile, daher muss in jeder Situation sorgsam abgewogen werden, wie man reagiert. Manchmal empfiehlt es sich, mit den Erkrankten nachsichtig umzugehen, sie zu unterstützen. Ein anderes Mal sollte man vielleicht streng auf die Einhaltung von Regeln achten, ein weiteres Mal wiederum empfiehlt es sich mehr Distanz von den Erkrankten einzunehmen. Ein flexibler Umgang mit den Problemen, die aus der Erkrankung entstehen, wirkt sich nach gegenwärtigem Forschungsstand am günstigsten auf das emotionale Klima zwischen Erkrankten und den Angehörigen aus.

Konkrete Strategien, die viele Angehörige zur Senkung der empfundenen Belastung einsetzen:

- offen über die Erkrankung sprechen
- Hilfsangebote wie Sozialpsychiatrische Zentren, betreutes Wohnen oder gesetzliche Betreuer in Anspruch nehmen
- Mit anderen Betroffenen austauschen
- Auf eigene Lebensfreude achten
- Hobbys, Sport, ausgleichende Freizeitaktivitäten

Handout 13

Die Stresswaage

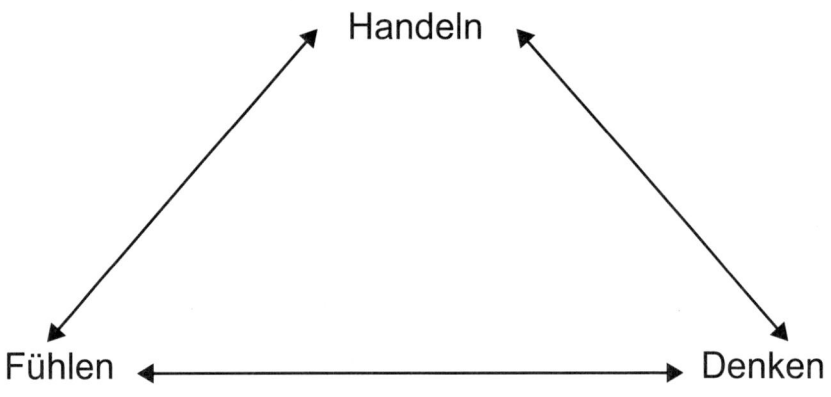

Heuristik der Verhaltenstherapie

Handeln

Fühlen ⟷ **Denken**

Handout 14

Zusatzmaterial – Handouts

	Montag	Dienstag	Mittwoch	Donnerstag	Freitag	Samstag	Sonntag
6-7							
7-8							
8-9							
9-10							
10-11							
11-12							
12-13							
13-14							
14-15							
15-16							
16-17							
17-18							
18-19							
19-20							
20-22							
22-24							

sehr gute Stimmung++   gute Stimmung +   schlechte Stimmung -   sehr schlechte Stimmung - -   weder gute noch schlechte Stimmung +/-

Bitte tragen Sie mehrmals täglich (ca. alle 4h) ein, was Sie gerade machen und wie Ihre Stimmung dabei ist.

(nach Hautzinger 2003)

Handout 15

Beispiele für ausgleichende Freizeitaktivitäten

- ins Grüne fahren
- zu einem Konzert gehen
- Ausflüge planen
- für sich selbst Dinge einkaufen
- sich künstlerisch betätigen
- Wohnung oder Haus umgestalten
- lesen
- an technischen Dingen arbeiten
- fernsehen
- eine schwierige Aufgabe meistern
- mit jemandem zusammen essen
- eine Dusche / ein Bad nehmen
- sich mit Tieren beschäftigen
- zu einer Party gehen
- eine Fremdsprache lernen
- zu Versammlungen von gemeinnützigen oder sozialen Vereinen gehen
- ein Musikinstrument spielen
- leger gekleidet sein
- ein Nickerchen machen
- Freunde treffen
- Gartenarbeiten verrichten
- Tanzen
- nur so herumsitzen und entspannen
- Motorrad fahren
- zum Frisör gehen
- Meditieren oder Yoga
- Schmusen

Handout 16

Weitere Beispiele für ausgleichende Freizeitaktivitäten

- einen Vergnügungspark besuchen
- Den Geräuschen in der freien Natur zuhören
- Radio hören
- sich und andere bekochen
- an einem sportlichen Wettbewerb teilnehmen
- Geschenke machen
- Massiert werden
- fotografieren
- Witze anhören
- gut Essen
- jemanden loben
- Angeln gehen
- Ausschlafen
- einen Einkaufsbummel machen
- ein Vorhaben oder eine Aufgabe zu Ende bringen
- Briefe/Karten schreiben
- Sich um Zimmerpflanzen kümmern
- Nähen
- Abends lange aufbleiben
- zu Aktionen und Versteigerungen gehen
- Comics lesen
- alte Freunde kontaktieren
- ins Theater gehen
- an einem angenehmen Duft schnuppern

Handout 17

Typische Warnsignale für ein Ausbrechen der Psychose

- Grübeln
- Schlafstörungen
- Innere Unruhe
- Konzentrationsstörungen
- Ängste
- Gereiztheit
- Rückzug von Sozialkontakten
- Antriebsminderung
- Interessenverlust
- Zunehmende Reizoffenheit
- Leistungsabfall in Beruf, Ausbildung oder Haushalt
- Ambivalenz
- grundloses Unwohlsein
- Stimmungsschwankungen
- traurige Stimmung
- Denken/Sprache wirkt ungeordnet
- gesteigertes Misstrauen

Handout 18

Strategien für den Umgang mit Warnsignalen

- Bei Stress/anhaltenden Belastungen: Belastung reduzieren (z. B. durch Krankmeldung auf der Arbeit/in der Schule, störende Reizquellen beseitigen, Konflikte mit Mitmenschen ruhen lassen),
- Bei Ausrutschern mit Drogen: mit dem Patienten in nicht kritisierender Art und Weise über die Vor- und Nachteile des Konsums bzw. Drogenabstinenz diskutieren,
- Bei Zunahme von Negativsymptomen: auf Tagesstruktur achten, den Erkrankten zu Aktivitäten motivieren, ohne ihn zu drängen,
- Bei Zunahme von Positivsymptomen: zu Reizabschirmung und entspannenden Aktivitäten raten,
- Eine vom Erkrankten eventuell angefertigte Anti-Stress-/Anti-Craving-Skills-Liste kann bei akutem Suchtdruck oder zunehmenden Positiv-/Negativ-Symptomen gemeinsam auf Aktualität und Wirksamkeit geprüft werden,
- Bei allen vorangegangen genannten Punkten sollte bei anhaltenden Symptomen ein Facharzt aufgesucht und ggfs. die tägliche Medikamenten-Dosis vorübergehend angepasst werden,
- Spätestens bei fortgeschrittenem Rezidiv sollte ein Facharzt aufgesucht werden, der die Medikamente anpasst oder andere Maßnahmen anregen kann (z. B. teilstationäre oder stationäre Aufnahme in Psychiatrie)

Handout 19

Mein persönlicher Krisenplan, Name:_____

Meine Vertrauenspersonen

Person 1: _____ Telefon: _____

Person 2: _____ Telefon: _____

meine persönlichen Warnsignale:

frühe Warnsignale

_____
_____
_____
_____

späte Warnsignale

_____
_____
_____
_____

Was ich mache, wenn Warnsignale auftreten:

_____
_____

Falls die Symptome zunehmen und späte Warnsignale auftreten, finde ich Hilfe bei folgenden Stellen:

Mein Facharzt: _____ Telefon: _____

Mein Hausarzt: _____ Telefon: _____

Für mich zuständige Klinik:

_____ Telefon: _____

(modifiziert nach Gouzoulis-Mayfrank 2007, S. 225)

Handout 20

Kommunikation – Wie sage ich etwas und wie reagiere ich auf das Gesagte?

Wie wir etwas sagen beeinflusst die Reaktion unseres Gegenübers: das Gesagte kann dazu führen, dass Ihr Gegenüber auf das Gesagte eingeht und bei Meinungsverschiedenheiten bereit ist, mit Ihnen eine gemeinsame Lösung für Ihr Anliegen zu suchen. Es kann aber auch dazu führen, dass Ihr Gegenüber sich angegriffen fühlt und sich verteidigen möchte. Auf der anderen Seite ist es genauso wichtig, wie der Zuhörer auf das Gesagte reagiert. Die Reaktion kann den Sprecher zu weiterer offener Kommunikation einladen oder, im ungünstigen Fall, einen Gegenangriff zu starten. Eine gegenseitige Aufschaukelung und emotionale Aufheizung sind dann vorprogrammiert.

Damit ein Streit nicht eskaliert, müssen beide Gesprächspartner einen »kühlen Kopf« bewahren. Vor allem wenn sich eine/r oder beide der kommunizierenden Personen in einer psychischen Krise befindet, ist das Risiko eines gegenseitigen Aufschaukelns besonders hoch. Eine emotional aufgeheizte Atmosphäre kann über längere Zeit für die Erkrankten eine unüberwindbare psychische Belastung darstellen und das Risiko für einen erneuten Ausbruch der Psychose oder einen Rückfall in Substanzkonsum deutlich erhöhen. Auf Angehörigenseite können anhaltende, eskalierende Streitigkeiten ebenfalls die Betroffenen an den Rand der Belastbarkeit führen, so dass diese über lange Zeit selbst eine psychische Störung entwickeln können.

Mit bestimmten Kommunikationstechniken aus der Paar- und Familientherapie kann es leichter fallen, dem Gegenüber das mitzuteilen, was man beabsichtigt (Sprecher-Fertigkeiten) und so zu reagieren, dass sich der Sprechende verstanden fühlt (Zuhörer-Fertigkeiten). So sind weniger emotional-aufgeheizte Konflikte und ein angenehmeres Miteinander möglich.

Handout 21

Sprecher-Fertigkeiten – Wie sage ich etwas?

1. Ich-Gebrauch, sich öffnen (Gefühle und Bedürfnisse direkt formulieren)

Benutzen Sie das Wort »Ich«, um Ihrem Gegenüber deutlich mitzuteilen, was in Ihnen vorgeht. Schildern Sie offen und direkt Ihre Gefühle und Bedürfnisse, damit Ihr Gegenüber auf Sie eingehen kann.

Beispiel: »Ich bin sehr traurig, dass wir so wenig Zeit miteinander verbringen. Ich möchte gerne mehr Zeit mit dir verbringen« statt »Du verbringst nie Zeit mit mir!«.

2. Konkretes Verhalten ansprechen (keine Verallgemeinerungen)

Halten Sie sich mit Verallgemeinerungen wie *typisch*, *immer* usw. zurück, sonst wird sich Ihr Gegenüber wahrscheinlich herausgefordert fühlen, sich zu verteidigen oder einen Gegenangriff zu starten.

Beispiel: »Ich habe mich sehr darüber geärgert, dass du heute dein Zimmer nicht aufgeräumt hast« statt »Jeden Tag muss ich deinen Dreck wegräumen!«.

3. Im Hier-und-Jetzt bleiben (nicht thematisch auf Beispiele »schlechten« Verhaltens der Vergangenheit zurückfallen)

Schweifen Sie nicht vom Thema ab, sprechen Sie von aktuellen Dingen, die in Ihnen vorgehen.

Beispiel: »Ich mache mir Sorgen um dich. Ich hoffe sehr darauf, dass du nicht rückfällig wirst.« Statt: »Kurz nach deiner ersten Krankenhausbehandlung vor fünf Jahren hast du doch schon wieder angefangen zu kiffen!«

Handout 22

Zuhörer-Fertigkeiten: Wie reagiere ich auf das Gesagte?

1. Aufnehmendes Zuhören (dem anderen ermöglichen, sich auszusprechen)
Aufnehmendes Zuhören bedeutet in erster Linie: Ausreden lassen.
Sie können in Sprechpausen kurze Fragen stellen, um Ihrem Gegenüber Interesse an dem Gesagten zu signalisieren.

2. Paraphrasieren (Wiederholung des Gesagten in eigenen Worten).
Paraphrasieren heißt die Wiederholung des Gesagten in eigenen Worten. So weiß Ihr Gegenüber, ob Sie ihn/sie verstanden haben.
Beispiel: »Wenn ich dich richtig verstanden habe möchtest du, dass wir mehr Zeit miteinander verbringen« statt »Ja schon gut, wir machen dann morgen etwas zusammen, O.K.?«

Handout 23